SCHOLIA METRICA ANONYMA
IN EURIPIDIS
HECUBAM, ORESTEM, PHOENISSAS

OPUSCULA   GRAECOLATINA
(Supplementa *Musei Tusculani*)
Edenda curavit Ivan Boserup
Vol. 10

SCHOLIA METRICA ANONYMA IN EURIPIDIS HECUBAM, ORESTEM, PHOENISSAS

Edited with Prolegomena,
Critical Apparatus,
Appendix, and Index
by

Ole Langwitz Smith

Museum Tusculanum
Copenhagen 1977

Copyright 1977 by Museum Tusculanum
Printed in Denmark by Special-Trykkeriet Viborg a-s, Viborg

CONTENTS

Preface............................ vii
Prolegomena........................ ix
Sigla............................. xxvi
Scholia in Hecubam.................. 1
Scholia in Orestem................. 11
Scholia in Phoenissas.............. 25
Appendix........................... 39
Index.............................. 69

PREFACE

The present book is a further result of my researches on Demetrius Triclinius and late Byzantine classical scholarship which were published in my *Studies in the Scholia on Aeschylus i*, Leiden 1975.

I wish to thank the editor of the series *Opuscula graecolatina* Ivan Boserup for his readiness in undertaking publication of my work.

To Miss Dorthe Søndergaard of the Institute of Greek and Latin I offer my sincerest thanks for her efficient and painstaking help to make my manuscript ready for printing.

O.L.S.

PROLEGOMENA

1. The metrical scholia printed for the first time in this edition are found in two manuscripts, viz. Parma, Biblioteca Palatina, *Fondo Parmense* 152 (P) and Modena, Biblioteca Estense, cod.α.U.9.22 (M), *olim* iii.C.14 (nr. 93 in the catalogue published by Puntoni, SFIC 4,1896,376 ff.). I have not seen the manuscripts themselves but rely on printed sources and my own collations from microfilms[1].

2. The older of the two witnesses is the Parma MS P[2]. This is a paper MS of the 14th century measuring 226 x 144 mm. and consists of 114 numbered leaves. In the poetic text the scribe writes 20 lines to a page. The MS is composed of 14 quires of which the first one is a quinion (ff.2-11). Then follow 13 regular quaternions numbered β' - ιδ' in the lower right margin. The last number ιδ' on f.108 cannot be seen on my microfilm but Martini says that it is (or was in his time) visible[3].

The Parma MS contains the triad of Euripides as follows: f.2v *Vita Euripidis* and argument to the *Hecuba*, ff.3r-32v *Hecuba* with scholia, f.33r argument to the *Orestes*, ff.33r-73r *Orestes* with scholia, f.73v argument to the *Phoenissae*, ff. 74r-114v *Phoenissae* with scholia.

The scholia have been added in the margins and there are no visible differences between the metrical commentary and

---

1. I have used microfilms of the MSS in the Institute of Greek and Latin, University of Aarhus. I regret that I have not been able to inspect the MSS; in particular my microfilm of the Parma MS is sometimes difficult to read. Where there is doubt as to the readings in this MS I have indicated so in the apparatus.
2. For descriptions of this MS see E.Martini, *Catalogo di manoscritti greci esistenti nelle biblioteche italiane* i.1 (Milano 1893) 175 ff.; A. Turyn, *The Byzantine Manuscript Tradition of the Tragedies of Euripides* (Urbana 1957) 149 f.; Ole L. Smith, *Studies in the Scholia on Aeschylus i. The Recensions of Demetrius Triclinius* (Leiden 1975) 82; *id.* Mnemosyne Ser.iv,27,1975,414 f.
3. Martini *op.cit.*

the exegetic scholia neither in *ductus*, ink-colour or lay-out. The metrical scholia seem to have been added from the same source as the exegetic scholia. The scribe is at pains to place the metrical scholia on the page where they belong; if a lyrical part of a play continues over more than a single page, as it often happens, the analysis given in the metrical scholia will be distributed to the pages where the cola described have been written. Each colon in the poetic text has been marked with a number to correspond with the number in the scholia. As a rule these numbers have been written above the beginning of each colon, sometimes in the room between the columns of text and the marginal scholia. It appears that these numbers were added after the glosses and interlinear scholia had been written, for on f.36v the number ς' added above *Or*.147 was put in the margin because the room above the beginning of the colon was already occupied by a gloss on [δ'] θέασθε. On the other hand these numbers must have been entered before the metrical scholia, for these numbers indicated to the scribe the amount of scholia to be written on each page. Presumably they were added together with the speakers' names. The question is whether the exemplar also had these numbers in the text? This problem is of some importance for our view of the relation between the MSS and for our view of some peculiarities in P[4]. I will not attempt to deal exhaustively with these problems now, but the question of the numbers may be solved at this point by looking at sch.*Hec*.444-483. In the analysis P goes from colon ς' to colon η' and so in the poetic text, too, where no colon has been numbered ζ'[5]. This is difficult to explain if P did not reproduce his exemplar. For some reason the exemplar had not numbered colon

---

4. See below p.xviii ff.
5. Is it relevant that Triclinius divided what is col.ς' in P ἔνθα τὸν καλλίστων ὑδάτων πατέρα (*Hec*.451-452) into two cola?

7 with the number ζ' but had written η' instead. The sum total given at the beginning of the scholium is κε' though there are only 24 cola. The fault must be attributed to the exemplar of P, for it is surely too much to be expected from the scribe of P that he remembered the omission of the number ζ' when he wrote the scholia and then corrected the remaining numbers *currente calamo* by writing a number higher by one in the remaining part of the scholium. In any case the only rational thing to do would have been the correction of the numbers in the poetic text. But since he began with the wrong sum total κε', this number must have been that of his exemplar. We shall see later that this diagnosis of the P scribe as slavishly following his exemplar in these matters can be corroborated[6]. It should be noticed, however, that the scribe of M did in fact correct the numbers throughout. But as we shall also see, he made some mistakes that show him to be correcting and not copying the MS also used by the scribe of P[7].

At present there is not much evidence for the history of P. It was written in the middle of the 14th century and later belonged to Nicolaus Michelotius (1447-c.1527)[8], whose *ex-libris* is found on f.2r (deleted by a later hand). Some light, however, is thrown on P by the observation that P together with the famous Aristophanes MS *Par.gr.*2821 once made up a single codex. I have argued for this identification elsewhere, but I may perhaps be allowed to repeat myself here in greater detail[9].

*Par.gr.*2821[10] is a paper manuscript consisting of 140 num-

---

6. See below p.xx.
7. See below p.xxii.
8. On this person see M.L. Cosenza, *Biographical and Bibliographical Dictionary of the Italian Humanists and of the World of Classical Scholarship in Italy 1300-1800* (New York 1952) s.v.
9. See my note in Mnemosyne 27 quoted above n.2.
10. On *Par.gr.*2821 I may refer to my *Studies* (cf. above n.2) 96 n.77 and Mnemosyne 27,1975,414 f. See also W.J.W. Koster, *Autour d'un manuscrit d'Aristophane écrit par Démétrius Triclinius* (Groningen 1957) 37 and passim; *Scholia in Aristophanem* i.3,2. *Scholia recentiora in Nubes* edidit W.J.W. Koster (Groningen 1974) liii ff.

bered leaves (f.140 is a parchment folio) measuring 224 x 147 mm. with 20 lines to a page in the poetic text. It can be dated by watermarks (*var*.Briq.3230 = Verona 1367) to the middle of the 14th century and has been written by a single scribe throughout, except for ff.12-13 which pages are a later replacement for folios lost[11]. The MS consists of 13 numbered gatherings of which quires α' - ϛ' are quaternions, quires η' and ϑ' are quinions, while finally quires ι' - ιγ' are quaternions. Besides this numbering of the quires there is a different and older one beginning with ιε' on f.1r[12]. Since the last quire in the Parma MS was quire ιδ', we may be tempted to regard the Paris MS as the continuation of the Euripides MS. The dimensions of the two books are the same, and both have been written with 20 lines to a page. The scribe, too, is the same, or at least the *ductus* is extremely similar in the two MSS[13]. The lay-out of the page is also the same in both, and besides one may note that discoloured spots on the last pages of the Parma MS continue on the first pages of the Paris MS.

Thus the problems of the Aristophanes recension, in particular that of the metrical scholia in *Par.gr.*2821, cannot be solved in isolation from the problem of the similar scholia on Euripides. As I have shown elsewhere, both sets of scholia were composed by the same metrician[14] and the question of his identity - a problem which cannot be discussed adequately here - cannot be solved on the basis of the Aristophanes scholia only as has hitherto been done. It will be seen, I hope, that the prevailing views on the Aristophanes scholia cannot stand as soon as the Euripides scholia are taken into account. I shall return to these problems later.

---

11. On this see my *Studies*, *loc.cit.* (above n.10).
12. Details may be found in my note in Mnemosyne 27.
13. Having considered and reconsidered the case for the identity I now believe that it is the same scribe throughout. See Plates 6 and 7 in my *Studies*.
14. *Studies* 95 f.

Prolegomena   xiii

3. Before we can draw any conclusions from the identification of Parma 154 and *Par.gr.*2821 as a single codex (P*) we have to discuss the other witness for the text of the Euripides scholia.

The MS Modena, Bibl.Est.,*cod.*α.U.9.22[15] (M) is a volume of 213 folios measuring 228 x 165 mm. It has been dated from the watermarks Briq.2946 (=1435),11730 and 11731 (=1429-30 and 1436) to the 1430's[16]. The MS contains scholia only which is somewhat embarrassing since such manuscripts usually are from a period more than 50 years later and belong to 16th century proper. As far as I know, this is the earliest example of a MS containing dramatic scholia only, and moreover in a special arrangement as can be seen from its contents[17]: ff.1r-9v Exegetic scholia on Euripides, *Hecuba*; ff.9v-16r on *Orestes*; ff.16v-19r on *Phoenissae*; ff.19v-36v on Aristophanes, *Plutus*; ff.36v-52v on *Nubes*; ff.52v-72r on *Ranae*; ff.73r-77v Anon. περὶ κωμωιδίας; ff.81r-85v Metrical scholia on *Hecuba*; ff.85v-92v on *Orestes*; ff.92v-99r on *Phoenissae*; ff.99r-100r on *Plutus*; ff.100r-105v on *Nubes*; ff.105v-111r on *Ranae*. The remaining pages ff.112-210 are a later addition and do not come into consideration here[18].

It will be seen that the scribe distinguishes sharply between the different sets of scholia, exegetic and metrical,

---

15. On the Modena MS see besides Puntoni, *loc.cit.* (see above p.ix) Turyn, *Euripides* 202 f; *Studies* 82 ff. and Koster, *Scholia in Aristophanem* i.3,2 p.lxi f.
16. For the watermarks and the date see Koster *loc.cit.*
17. My impression – and it is no more than that – is that MSS containing scholia only are products of the late 15th and the 16th centuries. Moreover, I have some difficulty in dating the hand of the Modena MS to the first half of the 15th century; to me the hand looks very much like an early 16th century scribe and the similarity between this hand and that of Zacharias Calliergis also points in the direction of a later date than indicated by the watermarks (cf. the specimen of Calliergis' writing in M. Sicherl, *Die Handschriften, Ausgaben und Übersetzungen von Iamblichos de Mysteriis* (Berlin 1957) *Tafel* ii and my *Studies* Pl.8 for a specimen of the Modena scribe). I may mention that the Modena scribe did not write Est.α.Q.5.20 as has been asserted by Turyn, cf. my *Studies* 83.
18. See *Studies* 83.

and it will also be seen that he presumably copied a MS containing both Euripides and Aristophanes. The problem is, of course, whether his exemplar was the extant MS P*(= Parma 154 + *Par.gr.*2821) or the exemplar of P*?

Recently, Koster has given as his view that M was copied as far as Aristophanes is concerned, from *Par.gr.*2821[19] and thus Euripides in M must also have been taken from P*. It would be an odd coincidence if the combination of Euripides and Aristophanes in M had nothing to do with the MS P* which MS carried the same authors with a commentary similar to that in M, exegetic as well as metrical.

4. It can be shown, I think, that neither in Aristophanes[20] nor in Euripides can M be a copy, direct or indirect of P*. M has some scholia which cannot be found in P*, sch. *Hec.*216-443 and *Phoen.*1583-1709, both of which must be original. Moreover, M has the full version of sch. *Phoen.*784-833; this scholium cannot have been composed by a scribe confronted with the P* text only. Thus M must have been copied from a source common to both P* and M, and this means that the scribe of P* cannot be the author of the metrical scholia, neither in Aristophanes nor in Euripides[21]. This further means that Koster's theory of the Aristophanes scholia in *Par.gr.*2821 as a post-Triclinian recension[22] made on the basis of the Triclinian recension, meets with an unexpected and unsurmountable difficulty. If Koster were right, the same diagnosis (post-Triclinian) must pertain to the Euripides commentary, and this is downright impossible. It is impossible that someone with access to and knowledge of the Triclinian recension of Euripides would compose a metrical commentary on that author

---

19. Koster, *loc.cit.* (above n.15).
20. Cf. ClMed 31,1970,325.
21. Cf. *Studies* 96ff. and see now Koster, *Scholia in Aristophanem* i.3,2 p.liv f. and lviii f.
22 Koster, *Autour d'un manuscrit d'Aristophane*, *passim* and *Scholia* lviii f.

based on Triclinius, not only without any of the Triclinian peculiarities but also with a different colometry and a different analysis, and last but not least, without recognition of the principle of strophic responsion in the choral odes - something which the Aristophanes commentary in P* is acquainted with. Or can we really suppose that someone composed a metrical commentary on Aristophanes using the recension of Triclinius, but one on Euripides which completely disregards the Triclinian commentary and fundamentally disagrees with it?

Elsewhere I have suggested that both commentaries in P* represent an early attempt by Triclinius[23]. I have nothing to add to my previous discussion of the evidence, since I have not later found anything to prove or disprove my suggestions. A close analysis of differences and similarities between the MS Rome, *Angelicus* 14 (the final Triclinian Euripides) and Parma 154 may be able to shed some light on the possibility of my theory. It is obvious, though, that such a work would fall outside the scope of the present prolegomena since the Triclinian commentary in *Angel.*14 seriously needs a fresh and thorough edition and investigation.

I regard it therefore as established that M was copied from the exemplar of P*. It remains to be added that P* was divided into two parts at some time before c.1500, since, as we have seen, Parma 154 belonged to Nicolaus Michelotius about that time and *Par.gr.*2821 was in the possession of Cardinal Ridolfi somewhat later as appears from the fly-leaf where Matthaeus Devaris wrote an index of the volume and the Ridolfi call-number N^o *viii duodecime*. It seems that Devaris worked through the MS and rewrote some faded parts in the scholia. I find his hand on e.g.ff.74r (bottom), 74r, 75r (bottom), 75v (correcting number of lines), 76v (adding a line in the poetic text), 78r (bottom) etc. A different scribe supplied the lost ff.12-13 but Devaris added a variant reading

---

23. *Studies* 96 ff.

on f.13r and the note κορωνίς opposite sch.*Plut*.415, on which see my *Studies* 96 n.77.

5. I shall finish the description of the MSS by eliminating an evident copy of M, the MS Cambridge, University Library *Dd*.11.70[24]. This MS which was written by the well-known scribe Michael Suliardus, presumably at Venice around 1500, agrees *ad verbum* with M, only diverging in importing some faults of its own. It contains, among other texts, the scholia on Euripides and Aristophanes on ff.26r-99v. The codex is a composite one, ff.26-228 is the part written by Suliardus, and this part can be seen once to have been an independent book.

6. In order to visualize the common exemplar of M and P* which I have tried to reconstruct in the present edition, we have to deal with a number of differences between P* and M which throw light on the character of the common ancestor of our two surviving witnesses.

Some differences, however, must be explained from the character of the two MSS themselves.

The *lemmata* given in M only have been relegated to the apparatus. It seems quite obvious that these were added by the scribe of M because he copied the scholia only[25]. I suppose that P represents the exemplar better in this respect.

P* regularly gives at the end of a stichic system the note τέλος[26] τῶν τριμέτρων ἰάμβων or the like, as the case may be. These notes are not found in M, but nonetheless they must have been in the common exemplar; M did not copy these notes because they serve a purpose only in a manuscript with poetic text. These notes are important, for as I have pointed out elsewhere it was a habit of Triclinius to add such notes at

---

24. On this MS see Turyn, *Euripides* 204 f.; *Studies* 84 with n.65. I add that *Par.Suppl.gr.*310 mentioned in this note has nothing to do with Suliardus.
25. In ClMed 31,1970,328 ff. we have printed M's lemmata in the text. I think now that they should have been omitted and placed in the apparatus.
26. Not τελευταῖος (*pace* Koster).

the end of stichic passages in his working exemplars before he began applying his well-known colometrical signs, where this was often the only possible way to signalize the end of stichic lines and beginning of lyric sections[27]. In his working exemplars the lyric passages were written as were the stichic lines without the neat and clear arrangement of one colon per line[28].

At least Triclinius' practice shows that these notes have their place in MSS with poetic text and this is why they are found in P* and omitted in M.

Another detail: M often misunderstood abbreviations in the exemplar, see for instance the beginning of the *Hecuba* where the abbreviation for συλλαβῆς is read by M as συζυγίας. In the same way the abbreviation of δακτύλου has been interpreted as διιάμβου. The latter mistake also very often occurs in the Aristophanes part of M and thus this feature points towards a common source for M and P* containing both authors in a similar recension. The fact that M was able to make such evident blunders as having a hypercatalectic colon end with a συζυγία and catalectic cola end with a diiamb does not create a very favourable impression of the metrical knowledge of the scribe[29]. On the other hand it is worth noticing that where M misreads his exemplar, P* reproduces it faithfully, writing δα/ for δακτύλου (which M read as διιάμβου, not very intelligently) and συ~ for συλλαβῆς (συζυγίας). It might be surmised that P* no less than M knew what these abbreviations stood for, since he reproduces them slavishly. Elsewhere the exemplar of P* and M had συλλ/ or συλλαβῆς as we see in P*.

---

27. Cf. *Studies* 94 n.72.
28. Cf. also Ed. Fraenkel, *Aeschylus Agamemnon* (Oxford 1950) i.18, though he is mistaken about the nature of the relation between F (a representative of Triclinius' early Aeschylus) and T (the final Aeschylus).
29. This should be borne in mind when reading Koster's remarks (*Scholia* lxi f.) on the relation between *Reg* (*Par.gr.*2821) and the Modena MS.

7. The aim of the present edition is to give the text of the common source of P and M. I have deliberately abstained from correcting the faults and patent slips inherent in the MS from which both surviving witnesses were copied. Some of these slips and errors are commented upon in the following and it will be seen how they may shed light on the nature and character of the common exemplar. In the present section I shall deal with an interesting feature, the differences between the numbering of the cola in P* and M and the inferences to be made from these differences. It will be necessary to include in the treatment also the Aristophanes part of P* and M so that the problem can be dealt with as exhaustively as is imperative in order to reach a tolerably clear-cut solution. Moreover, the case which is the key to the whole problem is found in the Aristophanes part, namely in the scholium on the *Ranae* 1331-63. We begin our discussion with an analysis of P* and M here; for the full text of the scholium I refer to the publication in ClMed 31,1970,335.

At the beginning of the scholium on 1331-63 P* (f.99v) says that the passage consists of 40 cola (μ') while M gives μα'. (f.110r) as the sum total. The cola in P*-as is usual - have been numbered consecutively in the poetic text, and there we see that the last colon has been numbered μ'; in M, on the other hand, the last colon described is numbered μα'. When we take a closer look at P* we see that both in the poetic text and in the scholium the colon following col. κβ' (f.100r) has been marked out not with a number but with the sign ⁄. This colon P* has forgotten to take into account in the sum total given at the beginning of the scholium, but in M it has been included in the consecutive numbering of the single cola and also, it seems, in the sum total given at the beginning. Does this mean that P* made a blunder when copying the common exemplar? Hardly so, for this would not explain why the colon following colon κβ' has been marked out both in scholia and poetic text as col. ∦.³⁰⁾ The explanation can be found in M, for it is quite obvious that the sum total given in M as μα' has been entered *in rasura*. It is impossible to be certain, but it is a fair guess that M^ac had μ' as P* still has. Besides, we find that in M the colon numbers κδ', κε', κϛ', κζ', κη', κθ', λ', λα', λβ', λγ', λδ', λε', λϛ', λζ', λη', λθ' and μ' are also written *in rasura*. What has happened? There can hardly be any doubt that the exemplar of M had substantially what we find now in P*: an unnumbered colon after col. κβ', which colon the scribe of M numbered κγ' (P* colon ∦ is identical to M colon κγ'), but then M forgot that the numbers he wrote was higher by one and copied the numbers from his exemplar, writing κγ' instead of κδ' as he ought to have done to keep the consecutive numbering. Not until he had written the analysis of the last colon but one did he notice his mistake and corrected the numbers so that he finished with a colon μα' as the last one. Then he corrected the sum total writing μα' instead of μ'. The erasures of the numbers would be inexplicable if we did not presuppose some anomaly in the exemplar of M after colon κβ'; in other words, if the exemplar of M did not have what we can see now in P*: an unnumbered colon after colon κβ'. As in P*, this colon was also left out in the sum total; this is why the copy M originally had μ' here.

We may then take a look at the other instance of differences in the Aristophanes part of P* and M. On f.78v in P* we find that the colon following colon κγ' has been marked μ (1.426 κἀκλαιε καὶ κεκράγει) and in the scholium this colon is also called colon μ³¹⁾. In M, however, it is called colon κδ' and thus the following numbers of cola in M are higher by one in comparison with P*. Unfortunately P* does not reproduce the usual note at the beginning of the scholium on

---

30. It is also worth noticing that this sign (and the other signs mentioned in the following) is used by the scribe of P* as signs of reference between text and scholia in both the Euripides and the Aristophanes part.
31. Cf. ClMed 31,1970,326.

the sum total[32]. M has σύστημα ἐκ κώλων μθ´ (f.107r), but at some time to judge from M the number was μη´. It is quite plain that M could only have had the number μη´ from the exemplar common with P*, where colon μ was not included in the sum total. When M had finished writing the scholium it appeared that the last colon was numbered μθ´ and accordingly M corrected the sum total given at the beginning.

At sch.895-970 the fourth colon in P* (1.898 γλῶσσα μὲν γὰρ ἠγρίωται) is called colon ϟ in the poetic text and in the scholia. No account of this extra colon is taken in the sum total which gives ια´ instead of the correct ιβ´. Again we find that M includes the unnumbered colon in the numbering (as colon δ´), but since the passage now had 12 cola instead of 11, M erased the number given as the sum total and wrote ιβ´ (f. 108v). It is impossible to see whether M[ac] had ια´ here, but we may guess so. We may also note that the scribe of M had some difficulty in correcting the numbers *currente calamo*; the ι´ at his colon 10 (= colon θ´ P*) has been written *in rasura*. From this it appears that P* reproduced his exemplar faithfully while M tried as best as he could to remove inconsistencies.

We then return to Euripides. In my earlier treatment of the scholia in P and M on the *Phoenissae*[33], I have discussed the relevant passages but without paying sufficient attention to the parallels in Aristophanes. I may therefore be allowed to discuss these passages again.

The first case is in the scholium on *Phoen*.202-260. By means of the sign ϛ above εἰλίσσων (f.79r) P indicates that the words (col. κε´) νιφόβολον - θεοῦ at *Phoen*.234-235 should be divided into two cola:

νιφόβολον τ᾽ ὄρος ἱερὸν
εἰλίσσων ἀθανάτας θεοῦ

The scribe also put a cross *in linea* between ἱερὸν and εἰλίσσων which shows that he did not realize at first, when copy-

---

32. See the printed text of these scholia ClMed 31,1970,330.
33. *Studies* 264.

ing the poetic text, that the line νιφόβολον - θεοῦ were two cola[34]. The last colon in P is numbered μβ' but the song now consists of 43 cola. At the beginning of the scholium the sum total has not been entered; there is a lacuna where the number of cola ought to have been written. In M, as we may guess, the colon ϛ is called κϛ' (f.94r) and is thus included in the numbering. But at the beginning of the scholium the sum total (which was *not* entered in P) is given as μβ' by M^{ac} and as μγ' by M^{pc} (f.93v). When M first copied out his exemplar he copied the sum total μβ' from his source, but he became aware, at least when he came to colon ϛ - that the correct number was μγ' and corrected his own text accordingly. Again the explanation must be that P copied the exemplar *ad verbum* including the unnumbered col. ϛ which he did not try to include in the consecutive numbering. But the fact that P did not at first notice that the line *Phoen*.234-235 was two cola and that the sum total is not given in P suggests that there were difficulties in the exemplar.

The close similarity between what happened in the Aristophanes part of P* and here is another and perhaps more compelling proof of the connection between the two commentaries.

At *Phoen*.1019-1066 we see again that P originally wrote out two cola as one. Line 1038 (f.98r) ἄλλος ἄλλον ἐποττότυζεν διαδοχαῖς ἀνὰ πτόλιν is then divided into two cola by a cross between -εν and δια- and the new colon is marked ⊙ . In the scholia this colon after col.ιβ' is also called colon ⊙ . The sum total is given as λβ' but the last colon is numbered λα'. Here P (or rather its exemplar) took account of the new colon, it seems? It is not so plain, however, for in M λβ' (f.96v) has been entered *post correctionem* over an erasure, though one can only guess that M^{ac} had λα'. What happened here in P was, I think, that the exemplar gave both λα' and λβ' in such a way that it was difficult to be certain what number was meant. Such doubt would also explain the lacuna in P at sch.*Phoen.*

---

34. Similarly in the passage *Phoen*.1019 ff. (to be discussed below) there is a cross between ἄχεα and πατρίδι (1.1030) dividing col.ϛ' and col.η'.

202-260. Alternatively it may be supposed that P settled for λβ' after he had written out the cola and had found the extra one at 1.1038. At any rate M^{ac} shows that the common exemplar had not taken colon ϴ into account in such a way as to eliminate possible doubt.

This explanation of the differences between P* and M presupposes that M was capable of changing the numbers in a good many cases. I think that the instance mentioned from Aristophanes, *Ran*.1331-1363 shows that P* in these matters represents the common source, and that M is the innovator. To strengthen this conclusion I may mention an example where M can be shown quite unmistakably to have corrected the numbers in the scholia *currente calamo*. At *Phoen*.291-354 M omits ἰαμβικὸν τρίμετρον τὸ κη' so that the scribe has to make the remaining numbers of the cola lower by one. He goes astray writing the following numbers, for κη' (f.95r) is *in rasura* and so is the number λ'. It is puzzling that he did not try to find out what was wrong. At the end he finds that the last colon has the number μζ' and returns to the sum total at the beginning of the scholium where he had at first written μη' (f.94v). The number μζ' is clearly M^{pc}.

We shall return to this scholium in the next section, for the number μη' in M^{ac} shows that this was the sum total given by the common source of P and M, though P does not have it.

8. In some cases P and M present such differences that one of the MSS must be innovating against the exemplar. I disregard those cases where P writes the metrical scholia together with the preceding exegetic ones and thus has to connect the scholia; this may be a feature of the exemplar but could easily be an idiosyncracy in P, cf. e.g. sch.*Hec*.444-483 and *Or*. 1426-1452.

More interesting are such cases as the one mentioned above at *Phoen*.291-354, cf. the text p.29 1.5. Which version is the correct one? They are too different to be explained as more or less faithful copies of the same exemplar. One of the MSS must be innovating and I have no doubt that M preserves the original. I mentioned above that M found the number μη' in his exemplar and later corrected it into μζ'. The exemplar cannot be represented by P, for there is no number in P and *there could not be one*. Therefore I have put the M version in the text and regard P as an innovation.

Then at *Phoen.*784-833 we have a different situation. M is a good deal more detailed than P and these details cannot have been invented by the scribe of M. P shortens the common source here and does only put a number above col. 32 (λβ') in the poetic text which thus is the only colon singled out by him. It is very difficult for those who would argue for M as a copy of P to account for M here. As we have seen, the scribe of M thought it possible for a catalectic colon to end with a diiamb and a hypercatalectic colon to end with a συζυγία; how can he be supposed to have composed sch.*Phoen.*784-833 if he only had before him what now is found in P? This is impossible and I have no doubt that M represents the original here.

It is very different at *Phoen.*1345,1350 and 1351. P is the original version here, which M has reworked into a continuous whole. There is nothing in M which is beyond the powers of an ordinary scribe and his reworking does not presuppose metrical insight, since it is an almost mechanical combination of three separate notes.

9. The present edition tries to establish the common source of P and M, including the errors and inconsistencies of this source. We have had reason to suppose that at least in the colometry the source of P and M left room for doubt and we may surmise that in this respect a comparison with the extant working copies by Triclinius would be fruitful. I do not intend to go into details on this question; suffice it to say that the inconsistencies in the source of P and M - which I take to be the original of the peculiar commentary and recension of Euripides found in our two MSS - may point towards a recension not yet finished from the hand of the author. With-

out begging the question I may refer to Triclinius' working copy of Aristophanes, *Par.Suppl.gr*.463: the page reproduced in Koster's *Autour d'un manuscrit* Pl.iv (f.12v) very clearly shows the problems facing a scribe copying such an exemplar.

I have already mentioned the corrections of colometry in the common source; more could be said on the metrical analysis, but I shall only mention a few cases of obvious faults inherent in the common exemplar which no competent metrician could tolerate if he thought for a few seconds. Some cases are inexplicable. Why, for example did the commentator write on *Or*.344

ὀλεθρίοις ἐν κύμασιν

τὸ κζ΄ δίμετρον καταληκτικὸν ἐκ διιάμβου καὶ ἰωνικοῦ ἀπὸ μείζονος? Or at *Phoen*.206

δούλα μελάθρων ἵν᾽ ὑπὸ δείρασι

τὸ γ΄ τρίμετρον καταληκτικὸν ἐξ ἐπιτρίτου γ΄, παίωνος α΄ καὶ πυρριχίου? In both cases the incoherence is patent. The frequent cases of wrong numbers in the various forms of epitrites and paeons hardly need comment. It is more surprising that paeons are sometimes described as epitrites. Thus we find at *Phoen*.114 (col.ε΄) the syllables (χαλκο)δέτα τ᾽ ἔμβο(λα) described as a third epitrite instead of third paeon. The same has happened at *Hec*.451 (col.ε΄) where ἡ Φθιάδος is called a first epitrite instead of a first paeon. On the other hand at *Hec*.632 (Ἀ)λέξανδρος εἰ(λατίναν) is called a third paeon instead of a third epitrite.

The numbers of stichic lines are on the whole accurate. There are some cases, however, where the scholia give a wrong (but never very much so) number as e.g. sch.*Hec*.721-904 ρπγ΄ instead of ρπδ΄ or *Or*.1-139 ρμ΄ instead of ρλθ΄. More interesting is the case at sch.*Phoen*.261-290 where the number of iambic lines is given as λγ΄ whereas it should be λ΄. The commentator may have included lines 291-292 since the first lyric colon is l.293, but this gives 32 and not 33 cola, and l.290 is expressly cited as the last iambic line.

10. There are several instances of obvious errors in the scholia even if we take a very liberal view of possibilities of scansions. Still the author is very competent judged in his historical context. Metrical studies did not flourish in the late 13th and early 14th century; the only person with working knowledge of metrical forms such as those used in the present commentary was Demetrius Triclinius and he is, as far as we can see, a very isolated figure. In any case these metrical scholia on Euripides, elementary and sometimes (as they are in the choral odes) grossly mistaken, present a serious historical problem. How were they composed and by whom? We know nothing about metrical scholia on any scale on Euripides before Triclinius, and his work as it is preserved in *Angel.gr.* 14 and to a much lesser extent in *Laur*.32,2 seems to have no relation to what is found in the present commentaries. Still I think that he may be regarded as the author, but I admit that the reasons I have given in my *Studies* are not cogent proofs, but *verisimilia*[35].

11. I publish these scholia in the hope that they will attract scholarly attention. Much work has still to be done on this recension of Euripides and its scholia, in particular the exegetic ones. They should be analysed and compared to the Thoman scholia, because they seem to represent a peculiar form of that commentary. The metrical scholia ought to be studied for the light they may throw on Byzantine metrical studies[36] and the relation between metrical commentary and colometry in this recension of Euripides[37].

---

35. *Studies* 86 ff.
36. I have pointed out some fundamentals of the metrical terminology in the present scholia *Studies* 94 n.73.
37. Cf. my remarks *Studies* 91.

SIGLA

P   Parma, Biblioteca Palatina, Fondo
    Parmense cod.154.

M   Modena, Biblioteca Estense,cod.α.U.9.22
    ----
1. lemma

SCHOLIA IN HECUBAM

1-58. ἡ εἴσθεσις τοῦ δράματος περιέχει στίχους ἰαμβικοὺς τριμέτρους ἀκαταλήκτους νη' ὧν τελευταῖος φ θ ε ί ρ ε ι
θ ε ῶ ν   τ ι ς   τ ῆ ς   π ά ρ ο ι θ'   ε ὐ π ρ α ξ ί α ς (58).

58. τέλος τῶν τριμέτρων ἰάμβων.

59-153. σύστημα ἐπεισόδιον ἐκ κώλων ἀναπαιστικῶν καὶ δακτυλικῶν μεμιγμένων σπονδείοις πς' ὧν τελευταῖον δ ε ι -
ρ ῆ ς   ν α σ μ ῶ ι   μ ε λ α ν α υ γ ε ῖ (153). τούτων δὲ τὰ μέν εἰσιν δίμετρα ἀκατάληκτα καὶ καταληκτικά, τὰ δὲ τρίμετρα ὅμοιά τε καὶ βραχυκατάληκτα· εἰσὶ δὲ καί τινα τούτων τῶν διμέτρων καὶ ὑπερκατάληκτα. τὸ μέντοι δ' κῶλον τὸν α' πόδα τετράβραχυν ἔχει, τοῦ ἑνὸς μακροῦ τοῦ ἐν τῶι ἀναπαίστωι εἰς δύο βραχέα διαλυομένου ὡς καὶ ἐν ἑτέροις εὑρήσεις πολλοῖς.

153. τέλος τῶν ἀναπαιστικῶν καὶ δακτυλικῶν.

154-215. ἡ μονόστροφος αὕτη κώλων ἐστὶ νς'· τὸ α' παιωνικὸν τρίμετρον καταληκτικὸν ἐκ παιώνων δύο γ' καὶ β' καὶ ἀναπαίστου, τὸ β' χοριαμβικὸν δίμετρον ὑπερκατάληκτον ἐκ διτροχαίου, χοριάμβου καὶ συλλαβῆς, τὸ γ' σπονδειακὸν δίμετρον, τὸ δ' ὅμοιον τρίμετρον καταληκτικόν, τὸ ε' ἀντισπαστικὸν δίμετρον ἀκατάληκτον ἐξ ἐπιτρίτου δ' καὶ ἀντισπάστου, τὸ ς' ἰωνικὸν ἀπὸ μείζονος δίμετρον ὑπερκατάληκτον ἐκ δισπονδείου, ἰωνικοῦ καὶ συλλαβῆς, τὸ ζ' σπονδειακὸν δίμετρον ἀκατάληκτον, τὸ η' ὅμοιον, τὸ θ' ὅμοιον ἐκ δισπονδείου καὶ ἐπιτρίτου γ', τὸ ι' ἰωνικὸν ἀπὸ μεί-

---

tit. περὶ μέτρων ὧν ἐχρήσατο εὐριπίδης ἐν ἑκάβῃ M || 1 1. ἥκω νεκρῶν κευθμῶνα καὶ σκότου πύλας add.M || 1-2 νη' post στίχους M || 5 om.M || 6 1. ἄγετ' ὦ παῖδες τὴν γραῦν πρὸ δόμων add.M || 15 om.M || 16 1. οἳ ἐγὼ μελέα τί ποτ' ἀνύσω add.M || 19 συλλαβῆς] συζυγίας M || 20 post δίμετρον add. τὸ γ' ὅμοιον P || 23 συλλαβῆς] συζυγίας M

ζονος δίμετρον ἀκατάληκτον ἐξ ἐπιτρίτου γ' καὶ διτρο-
χαίου, τὸ ια' χοριαμβικὸν δίμετρον ὑπερκατάληκτον ἐκ χο-
ριάμβου, ἐπιτρίτου δ' καὶ συλλαβῆς, τὸ ιβ' ὅμοιον, τὸ ιγ'
χοριαμβικὸν τρίμετρον καταληκτικὸν ἐκ παίωνος β', χορι-
5 άμβου καὶ ἀναπαίστου, τὸ ιδ' παιωνικὸν δίμετρον ἀκατάλη-
τον ἐκ παίωνος δ' καὶ διιάμβου, τὸ ιε' ὅμοιον τῶι γ', τὸ
ις' σπονδειακὸν τρίμετρον βραχυκατάληκτον, τὸ ιζ' χορι-
αμβικὸν τρίμετρον ἀκατάληκτον ἐκ χοριάμβου, ἐπιτρίτου δ'
καὶ ἀντισπάστου, τὸ ιη' κῶλον ἰωνικὸν ἀπὸ μείζονος τρί-
10 μετρον ἐκ δισπονδείου, ἰωνικοῦ καὶ παίωνος β', τὸ ιθ' χο-
ριαμβικὸν τρίμετρον βραχυκατάληκτον ἐκ δισπονδείου, χο-
ριάμβου καὶ αὖθις σπονδείου, τὸ κ' ἰωνικὸν ἀπὸ μείζονος
τρίμετρον ἀκατάληκτον ἐξ ἰωνικοῦ, ἐπιτρίτου δ' καὶ ἐπι-
τρίτου α', τὸ κα' ὅμοιον τρίμετρον καταληκτικὸν ἐξ ἐπι-
15 τρίτου α', ἰωνικοῦ καὶ χορείου, τὸ κβ' σπονδειακὸν δίμε-
τρον ἀκατάληκτον, τὸ κγ' ὅμοιον καταληκτικὸν, τὸ κδ' ἰω-
νικὸν ἀπὸ μείζονος δίμετρον βραχυκατάληκτον ἐξ ἐπιτρίτου
α' ἀντὶ ἰωνικοῦ καὶ σπονδείου, τὸ κε' ἰωνικὸν τρίμετρον
καταληκτικὸν ἐξ ἰωνικοῦ ἀπ' ἐλάσσονος, ἰωνικοῦ ἀπὸ μεί-
20 ζονος καὶ δακτύλου, τὸ κς' ἰωνικὸν ἀπὸ μείζονος μονόμε-
τρον ὑπερκατάληκτον ἐξ ἐπιτρίτου α' καὶ συλλαβῆς, τὸ κζ'
σπονδειακὸν δίμετρον ἀκατάληκτον, τὸ κη' ὅμοιον, τὸ κθ'
ἰωνικὸν ἀπ' ἐλάσσονος δίμετρον βραχυκατάληκτον ἐξ ἐπιτρί-
του δ' ἀντὶ ἰωνικοῦ καὶ ἰάμβου, τὸ λ' χοριαμβικὸν τρί-
25 μετρον βραχυκατάληκτον ἐκ δισπονδείου, χοριάμβου καὶ αὖ-
θις σπονδείου, τὸ λα' ἰωνικὸν ἀπ' ἐλάσσονος μονόμετρον
ὑπερκατάληκτον, τὸ λβ' σπονδειακὸν τρίμετρον βραχυκατά-
ληκτον, τὸ λγ' ὅμοιον, τὸ λδ' ὅμοιον δίμετρον καταληκτι-
κόν, τὸ λε' ἀναπαιστικὸν μονόμετρον, τὸ λς' ὅμοιον τῶι
30 λβ' καὶ λγ', τὸ λζ' ὅμοιον δίμετρον ἀκατάληκτον, τὸ λη'
ὅμοιον τῶι λβ', τὸ λθ' ἰωνικὸν ἀπὸ μείζονος δίμετρον κα-
ταληκτικὸν ἐξ ἰωνικοῦ καὶ μολοττοῦ, τὸ μ' ἰωνικὸν ἀπὸ μεί-
ζονος τρίμετρον βραχυκατάληκτον ἐξ ἰωνικοῦ, ἐπιτρίτου β'
καὶ σπονδείου, τὸ μα' ὅμοιον δίμετρον ὑπερκατάληκτον ἐκ

---

3 συλλαβῆς] συζυγίας M

δισπονδείου, ἰωνικοῦ ἀπὸ μείζονος καὶ συλλαβῆς, τὸ μβ'
σπονδειακὸν τρίμετρον καταληκτικόν, τὸ μγ' σπονδειακὸν
δίμετρον ἀκατάληκτον, τὸ μδ' ἀναπαιστικὸν δίμετρον ἀκα-
τάληκτον ἐξ ἀντισπάστου, ἐπιτρίτου δ' καὶ ἰάμβου, τὸ με'
5 σπονδειακὸν τρίμετρον ἀκατάληκτον, τὸ μς' ὅμοιον δίμε-
τρον, τὸ μζ' ὅμοιον, τὸ μη' ἀντισπαστικὸν δίμετρον ὑπερκα-
τάληκτον ἐξ ἀντισπάστου, ἰωνικοῦ ἀπ' ἐλάσσονος καὶ συλ-
λαβῆς, τὸ μθ' χοριαμβικὸν τρίμετρον βραχυκατάληκτον ἐκ
χοριάμβου, παίωνος γ' καὶ ἰάμβου, τὸ ν' ὅμοιον δίμετρον
10 ὑπερκατάληκτον ἐκ δύο τῶν πρώτων καὶ συλλαβῆς, τὸ να' χο-
ριαμβικὸν τρίμετρον ἀκατάληκτον ἐκ χοριάμβου, διιάμβου
καὶ ἰωνικοῦ ἀπὸ μείζονος, τὸ νβ' ἰωνικὸν ἀπὸ μείζονος ἐξ
ἐπιτρίτων β' καὶ δ', τὸ νγ' σπονδειακὸν δίμετρον ἀκατά-
ληκτον ἐξ ἐπιτρίτου δ' καὶ δισπονδείου, τὸ νδ' παιωνικὸν
15 τρίμετρον καταληκτικὸν ἐκ παίωνος γ', ἐπιτρίτου α' καὶ
ἀμφιβράχεος, τὸ νε' χοριαμβικὸν τρίμετρον καταληκτικὸν
ἐκ χοριάμβου, παίωνος γ' καὶ βακχείου, τὸ νς' ὅμοιον τρί-
μετρον βραχυκατάληκτον ἐκ χοριάμβου, ἰωνικοῦ ἀπὸ μείζο-
νος καὶ τροχαίου.
20 216-443. οἱ παρόντες στίχοι σκη' ἰαμβικοὶ τρίμετροι ἀκα-
τάληκτοι ὦν τελευταῖος α ἴ σ χ ι σ τ α Τ ρ ο ί α ν
ε ἷ λ ε τ ὴ ν ε ὐ δ α ί μ ο ν α (443).
443. τέλος τῶν τριμέτρων ἰάμβων.
444-483. τὸ σύστημα τοῦδε τοῦ χοροῦ κώλων ἐστὶν κε'· τὸ
25 α' χοριαμβικὸν τετράμετρον ἀκατάληκτον ἐκ διτροχαίου,
διιάμβου, παίωνος β' καὶ ἐπιτρίτου β', τὸ β' ἰαμβικὸν
δίμετρον ὑπερκατάληκτον· ἔστι δὲ ὁ β' ποὺς ἀνάπαιστος·
τὸ γ' χοριαμβικὸν δίμετρον ὑπερκατάληκτον ἐκ διτροχαίου,
διιάμβου καὶ συλλαβῆς, τὸ δ' ἰωνικὸν ἀπὸ μείζονος τετρά-

---

1 συλλαβῆς] συζυγίας M ‖ 2 μγ' κῶλον σπονδειακόν ἐστι
P ‖ 7-8 συλλαβῆς] συζυγίας M ‖ 10 συλλαβῆς] συζυγίας
M ‖ 20-22 om.P ‖ 20 1. καὶ μὴν ὀδυσσεὺς ἔρχεται σπουδῇ
ποδός add.M ‖ 23 om.M ‖ 24 τὸ - ἐστὶν] ἔστι δὲ τὸ σύσ-
τημα τοῦ χοροῦ τοῦδε ἐκ κώλων P | 1. αὔρα πόντιος αὔρα
ἅτε ποντοπόρους κομίζεις add.M | κε' PM^{ac} κδ' M^{pc}

μετρον βραχυκατάληκτον ἐξ ἰωνικοῦ ἀπὸ μείζονος, ἐπιτρί-
του β', ἐπιτρίτου γ' καὶ συλλαβῶν δύο, τὸ ε' ὅμοιον τρί-
μετρον ἀκατάληκτον ἐξ ἰωνικοῦ ἀπὸ μείζονος, ἐπιτρίτου β'
καὶ ἐπιτρίτου α', τὸ ϛ' ὅμοιον, τοῦ ἰωνικοῦ β' ὄντος, τὸ
5 η' ἰωνικὸν ἀπ' ἐλάσσονος τρίμετρον ἀκατάληκτον ἐκ παί-
ωνος γ', παίωνος β' καὶ ἰωνικοῦ ἀπ' ἐλάσσονος, τὸ θ' ἰων-
ικὸν ἀπὸ μείζονος τετράμετρον ἀκατάληκτον ἐξ ἰωνικοῦ ἀπὸ
μείζονος, ἐπιτρίτου α', παίωνος β' καὶ διτροχαίου, τὸ ι'
ὅμοιον τρίμετρον βραχυκατάληκτον ἐξ ἰωνικοῦ ἀπὸ μείζονος,
10 διτροχαίου καὶ σπονδείου, τὸ ια' ὅμοιον τρίμετρον κατα-
ληκτικὸν ἐκ διτροχαίου, διιάμβου καὶ ἀμφιμάκρου, τὸ ιβ'
ὅμοιον τρίμετρον ἀκατάληκτον ἐκ παίωνος γ', δισπονδείου
καὶ ἐπιτρίτου γ', τὸ ιγ' ὅμοιον τετράμετρον βραχυκατάληκ-
τον ἐξ ἰωνικοῦ ἀπὸ μείζονος, χοριάμβου καὶ αὖθις ἰωνικοῦ
15 καὶ πυρριχίου, τὸ ιδ' ὅμοιον δίμετρον ὑπερκατάληκτον ἐξ
ἐπιτρίτου δ', παίωνος β' καὶ συλλαβῆς, τὸ ιε' ὅμοιον τρί-
μετρον ἀκατάληκτον ἐξ ἐπιτρίτου β', διτροχαίου καὶ αὖθις
ἐπιτρίτου β', τὸ ιϛ' ὅμοιον τετράμετρον ἀκατάληκτον ἐξ
ἰωνικοῦ ἀπὸ μείζονος, ἐπιτρίτων β' δύο καὶ ἰωνικοῦ ἀπ'
20 ἐλάσσονος, τὸ ιζ' χοριαμβικὸν τετράμετρον βραχυκατάληκ-
τον ἐκ χοριάμβου, ἐπιτρίτου δ', ἐπιτρίτου β' καὶ σπον-
δείου, τὸ ιη' ἰωνικὸν ἀπὸ μείζονος τετράμετρον βραχυκατά-
ληκτον ἐξ ἰωνικοῦ ἀπὸ μείζονος, ἐπιτρίτου α', ἐπιτρίτου
δ' καὶ τροχαίου, τὸ ιθ' ὅμοιον ἐξ ἐπιτρίτου δ', ἰωνικοῦ
25 ἀπὸ μείζονος, δισπονδείου καὶ ἀναπαίστου, τὸ κ' ἰωνικὸν
ἀπὸ μείζονος τετράμετρον καταληκτικὸν ἐκ δισπονδείου, χο-
ριάμβου, ἰωνικοῦ ἀπὸ μείζονος καὶ ἀμφιμάκρου, τὸ κα' ὅμ-
οιον ἐξ ἰωνικοῦ ἀπὸ μείζονος, ἐπιτρίτου β' καὶ αὖθις ἰων-
ικοῦ καὶ ἀμφιμάκρου, τὸ κβ' χοριαμβικὸν τετράμετρον βρα-
30 χυκατάληκτον ἐκ χοριάμβου, ἀντισπάστου, ἐπιτρίτου δ' καὶ

---

5 η'] ζ' M || 6 θ'] η' M || 8 ι'] θ' M || 10 ια'] ι' M ||
11 ιβ'] ια' M || 13 ιγ'] ιβ' M || 15 ιδ'] ιγ' M || 16
ιε'] ιδ' M || 18 ιϛ'] ιε' M || 20 ιζ'] ιϛ' M || 22 ιη']
ιζ' M || 24 ιθ'] ιη' M || 25 κ'] ιθ' M || 27 κα'] κ' M ||
29 κβ'] κα' M

τροχαίου, τὸ κγ' ἰωνικὸν ἀπὸ μείζονος τρίμετρον βραχυκατάληκτον ἐξ ἰωνικοῦ, ἐπιτρίτου β' καὶ σπονδείου, τὸ κδ' παιωνικὸν τρίμετρον ἀκατάληκτον ἐκ παίωνος β', δισπονδείου καὶ παίωνος γ', τὸ κε' ἰωνικὸν ἀπὸ μείζονος δίμετ-
5 ρον ὑπερκατάληκτον ἐξ ἐπιτρίτου δ', ἰωνικοῦ ἀπὸ μείζονος καὶ συλλαβῆς.
484-628. στίχοι ἰαμβικοὶ τρίμετροι ἀκατάληκτοι ρμε' ὧν τελευταῖος ὅ τ ω ι κ α τ' ἦ μ α ρ τ υ γ χ ά ν ε ι μ η δ ὲ ν κ α κ ό ν (628).
10 628. τέλος τῶν τριμέτρων ἰάμβων.
629-657. τὸ σύστημα τοῦδε τοῦ χοροῦ κώλων ἐστὶ ιε'· τὸ α' χοριαμβικὸν τετράμετρον καταληκτικὸν ἐξ ἐπιτρίτου α', διιάμβου, ἐπιτρίτου γ' καὶ ἀμφιβράχεος, τὸ β' ἀντισπαστικὸν τετράμετρον καταληκτικὸν ἐξ ἀντισπάστου, παίωνος
15 β', παίωνος γ' καὶ ἀναπαίστου, τὸ γ' χοριαμβικὸν τρίμετρον ὑπερκατάληκτον ἐκ παρακελευσματικοῦ, παίωνος δ', διιάμβου καὶ συλλαβῆς, τὸ δ' χοριαμβικὸν τετράμετρον ἀκατάληκτον ἐκ παίωνος γ', διιάμβου, δισπονδείου καὶ χοριάμβου, τὸ ε' χοριαμβικὸν τρίμετρον ἀκατάληκτον ἐκ χοριάμ-
20 βου καὶ ἐπιτρίτων γ' δύο, τὸ ς' ὅμοιον δίμετρον ὑπερκατάληκτον ἐκ δισπονδείου, διιάμβου καὶ συλλαβῆς, τὸ ζ' χοριαμβικὸν τετράμετρον ὑπερκατάληκτον ἐξ ἐπιτρίτου δ', διιάμβου, ἐπιτρίτου β', παίωνος β' καὶ συλλαβῆς, τὸ η' χοριαμβικὸν τρίμετρον ὑπερκατάληκτον ἐκ παίωνος β', παίωνος
25 δ', διιάμβου καὶ συλλαβῆς. τὸ θ' χοριαμβικὸν τετράμετρον ἀκατάληκτον ἐκ παίωνος γ', παίωνος β', δισπονδείου καὶ χοριάμβου, τὸ ι' χοριαμβικὸν τετράμετρον ἀκατάληκτον ἐκ χοριάμβου, ἰωνικοῦ ἀπὸ μείζονος, παίωνος γ' καὶ χοριάμβου, τὸ ια' ἰωνικὸν ἀπ' ἐλάσσονος τρίμετρον ὑπερκατάληκτον ἐξ
30 ἰωνικοῦ ἀπ' ἐλάσσονος, διτροχαίου, παίωνος α' καὶ συλλαβῆς, τὸ ιβ' τροχαϊκὸν τετράμετρον ὑπερκατάληκτον ἐκ δι-

---

1 κγ'] κβ' M ‖ 2 κδ'] κγ' M ‖ 3 παιωνικὸν om.P spatio relicto ‖ 4 κε'] κδ' M ‖ 7 1. ποῦ τὴν ἄνασσαν δήποτ' οὖσαν ἰλίου add.M ‖ 8 μηδὲν τυγχάνει P ‖ 10 om.M ‖ 10 1. ἐμοὶ χρῆν συμφορὰν ἐμοὶ χρῆν πημονὰν γενέσθαι add.M

σπονδείου, διτροχαίου, παίωνος γ', διτροχαίου καὶ συλλαβῆς, τὸ ιγ' χοριαμβικὸν τετράμετρον βραχυκατάληκτον ἐκ παίωνος γ', διιάμβου, ἐπιτρίτου δ' καὶ σπονδείου, τὸ ιδ' ὅμοιον τρίμετρον ἀκατάληκτον ἐκ παίωνος γ', διιάμβου καὶ
5 ἰωνικοῦ ἀπ' ἐλάσσονος, τὸ ιε' ὅμοιον τρίμετρον ὑπερκατάληκτον ἐκ παίωνος β', παρακελευσματικοῦ, διιάμβου καὶ συλλαβῆς.

658-688. στίχοι ἰαμβικοὶ τρίμετροι ἀκατάληκτοι κθ' ὧν τελευταῖος ἔ γ ν ω ς γ ὰ ρ ἄ τ η ν π α ι δ ὸ ς ὦ δ ύ-
10 σ τ η ν ε σ ύ (688).

688. τέλος τῶν τριμέτρων ἰάμβων.

689-720. τὸ ἀμοιβαῖον τόδε σύστημα κώλων ἐστὶν κε'· τὸ α', τὸ δ', τὸ η', τὸ θ', τὸ ιγ', τὸ ιζ', τὸ κ', τὸ κα', τὸ κβ' ἰαμβικὰ τρίμετρα ἀκατάληκτα, τὸ β' ἰωνικὸν ἀπ'
15 ἐλάσσονος τρίμετρον ὑπερκατάληκτον ἐκ προκελευσματικοῦ, παίωνος γ', ἰωνικοῦ ἀπ' ἐλάσσονος καὶ συλλαβῆς, τὸ γ' τροχαϊκὸν τετράμετρον ὑπερκατάληκτον ἐκ παίωνος α', διτροχαίων δύο, ἐπιτρίτου β' καὶ συλλαβῆς, τὸ ε' ἰαμβικὸν δίμετρον ὑπερκατάληκτον, τὸ ς' ἰωνικὸν ἀπὸ μείζονος δίμετρον
20 ἀκατάληκτον ἐξ ἰωνικοῦ ἀπὸ μείζονος καὶ ἐπιτρίτου α', τὸ ζ' ἰωνικὸν ἀπ' ἐλάσσονος τρίμετρον ἀκατάληκτον ἐξ ἰωνικοῦ, ἐπιτρίτου δ' καὶ α', τὸ ι' χοριαμβικὸν τρίμετρον ὑπερκατάληκτον ἐκ χοριάμβου, δισπονδείου, ἐπιτρίτου α' καὶ συλλαβῆς, τὸ ια' ἰαμβικὸν δίμετρον βραχυκατάληκτον, τὸ ιβ'
25 μονόμετρον ἐκ δισπονδείου, τὸ ιδ' ἰωνικὸν ἀπὸ μείζονος τρίμετρον ἀκατάληκτον ἐκ παίωνος α' καὶ ἰωνικῶν δύο, τὸ ιε' τροχαϊκὸν δίμετρον ὑπερκατάληκτον, τὸ ις' ὅμοιον, τὸ ιη' ἀντισπαστικὸν τρίμετρον ὑπερκατάληκτον ἐκ παίωνος α', ἀντισπάστου, παίωνος γ' καὶ συλλαβῆς, τὸ ιθ' ὅμοιον κατα-
30 ληκτικὸν ἐκ παίωνος δ', ἀντισπάστου καὶ μολοσσοῦ, τὸ κγ' χοριαμβικὸν τρίμετρον ὑπερκατάληκτον ἐκ διιάμβου, δισπονδείου, παίωνος γ' καὶ συλλαβῆς, τὸ κδ' ὅμοιον καταληκτι-

---

8 1. γυναῖκες ἑκάβη ποῦ ποθ' ἡ παναθλία add.M || 11 om.M || 12 1. ἄπιστ' ἄπιστα καινὰ καινὰ δέρκομαι add.M || 13-14 τὸ ιζ' - τὸ κβ' mg.add.P || 13 τὸ ιγ' mg.add.M

κὸν ἐκ παίωνος δ', διιάμβου καὶ ἀμφιμάκρου, τὸ κε' ὅμοιον. 721-904. στίχοι ἰαμβικοὶ τρίμετροι ἀκατάληκτοι ρπγ' ὧν τελευταῖος κ α κ ὸ ν τ ι π ά σ χ ε ι ν τ ὸ ν δ ὲ χ ρ η σ τ ὸ ν ε ὐ τ υ χ ε ῖ ν (904).
5 904. τέλος τῶν τριμέτρων ἰάμβων.
   905-952. τὰ κῶλα τοῦ τοιούτου χοροῦ ἀναπαιστικά εἰσι μεμιγμένα σπονδείοις, δακτύλοις καὶ ἰάμβοις· τὸ α' δίμετρον καταληκτικόν, τὸ β' δίμετρον ὑπερκατάληκτον, τὸ γ' τρίμετρον καταληκτικόν, τὸ δ' μονόμετρον ὑπερκατάληκτον, τὸ
10 ε' δίμετρον καταληκτικόν, τὸ ς' ὅμοιον, τὸ ζ' ὅμοιον, τὸ η' δίμετρον ἀκατάληκτον, τὸ θ' δίμετρον βραχυκατάληκτον, τὸ ι' δίμετρον ὑπερκατάληκτον, τὸ ια' μονόμετρον ὑπερκατάληκτον, τὸ ιβ' δίμετρον καταληκτικόν, τὸ ιγ' μονόμετρον ὑπερκατάληκτον, τὸ ιδ' δίμετρον καταληκτικόν, τὸ ιε' δί-
15 μετρον βραχυκατάληκτον, τὸ ις' δίμετρον καταληκτικόν, τὸ ιζ' δίμετρον ἀκατάληκτον, τὸ ιη' ὅμοιον, τοῦ γ' ποδὸς τετραβραχέος ὄντος, τουτέστι τοῦ ἑνὸς μακροῦ διαλυομένης εἰς δύο βραχέα, τὸ ιθ' δίμετρον καταληκτικόν, τὸ κ' μονόμετρον ὑπερκατάληκτον, τὸ κα' δίμετρον ἀκατάληκτον, τὸ κβ'
20 δίμετρον ὑπερκατάληκτον, τὸ κγ' τρίμετρον καταληκτικὸν ἐκ δύο προκελευσματικῶν ἀντὶ ἀναπαίστων καὶ χορείου, τὸ κδ' δίμετρον ὑπερκατάληκτον, τὸ κε' ὅμοιον, τὸ κς' δίμετρον καταληκτικόν, τὸ κζ' δίμετρον ἀκατάληκτον, τὸ κη' ὅμοιον καταληκτικόν, τὸ κθ' ὅμοιον ἀκατάληκτον, τὸ λ' μονόμετρον
25 ὑπερκατάληκτον, τὸ λα' δίμετρον ἀκατάληκτον, τὸ λβ' δίμετρον ὑπερκατάληκτον, τὸ λγ' ὅμοιον τῶι κγ', τὸ λδ' δίμετρον ἀκατάληκτον, τὸ λε' δίμετρον ὑπερκατάληκτον, τὸ λς' ὅμοιον ἀκατάληκτον, τὸ λζ' ὅμοιον καταληκτικόν, τὸ λη' τρίμετρον βραχυκατάληκτον, τὸ λθ' δίμετρον βραχυκατάληκτον,
30 τὸ μ' μονόμετρον, τὸ λθ' δίμετρον βραχυκατάληκτον, τὸ μ'

---

2 1. ὦ τλῆμον ὥς σε πολυπονωτάτην βροτῶν add.M ‖ 5 om.M ‖ 6 1. σὺ μὲν ὦ πατρὶς ἰλιὰς τῶν add.M | εἰσὶ δὲ τὰ κῶλα P | post χοροῦ add. μθ' ὄντα M | εἰσι om.P ‖ 7 καὶ δακτύλοις M

μονόμετρον ὑπερκατάληκτον, τὸ μα' ὅμοιον, τὸ μβ' ὅμοιον,
τὸ μγ' μονόμετρον ἀκατάληκτον, τὸ μδ' δίμετρον ἀκατάληκ-
τον, τὸ με' μονόμετρον ἀκατάληκτον, τὸ μς' μονόμετρον κα-
ταληκτικόν, τὸ μζ' δίμετρον βραχυκατάληκτον, τοῦ β' ποδὸς
5 τετραβράχεος ὄντος, τοῦ δὲ γ' τριβράχεος, τὸ μη' μονόμε-
τρον ἀκατάληκτον, τοῦ α' ποδὸς τριβράχεος ὄντος, τὸ μθ'
δίμετρον ὑπερκατάληκτον.
953-1023. στίχοι ἰαμβικοὶ τρίμετροι ἀκατάληκτοι ο' ὧν τε-
λευταῖος ξ ὺ ν   π α ι σ ὶ ν   ο ὕ π ε ρ   τ ὸ ν   ἐ μ ὸ ν
10 ὤ ι κ ι σ α ς   γ ό ν ο ν (1023).
1023. τέλος τῶν τριμέτρων ἰάμβων.
1024-1034. τοῦ χοροῦ τοῦδε τὰ κῶλα θ' ὧν τὸ α', τὸ β', τὸ
ζ' καὶ τὸ η' ἰαμβικά εἰσι τρίμετρα ἀκατάληκτα, τὸ γ' χορ-
ιαμβικὸν τρίμετρον καταληκτικὸν ἐκ χοριάμβου, διιάμβου
15 καὶ ἀμφιμάκρου, τὸ δ' ἀντισπαστικὸν τρίμετρον ἀκατάληκτον
ἐξ ἀντισπάστου καὶ παιώνων β' δύο, τὸ ε' ὅμοιον δίμετρον
ὑπερκατάληκτον ἐξ ἀντισπάστου, δισπονδείου καὶ συλλαβῆς,
τὸ ς' τρίμετρον βραχυκατάληκτον ἐκ παιώνων β' δύο καὶ
πυρριχίου, τὸ θ' ὅμοιον τῶι γ', τοῦ γ' ποδὸς δακτύλου ὄν-
20 τος.
1035-1055. στίχοι ἰαμβικοὶ τρίμετροι ἀκατάληκτοι κα' ὧν
τελευταῖος θ υ μ ῶ ι   ῥ έ ο ν τ ι   Θ ρ η κ ὶ   δ υ σ μ α-
χ ω τ ά τ ω ι (1055).
1055. τέλος τῶν τριμέτρων ἰάμβων.
25 1056-1084. τὸ σύστημα τοῦτο κώλων ἐστὶν κη'· τὸ α' χοριαμ-
βικὸν τρίμετρον καταληκτικὸν ἐκ χοριάμβου, δισπονδείου καὶ
μολοσσοῦ, τὸ β' ὅμοιον ἀκατάληκτον ἐκ χοριάμβου, ἀντι-
σπάστου καὶ διιάμβου, τὸ γ' ἰωνικὸν ἀπ' ἐλάσσονος τρίμε-
τρον ὑπερκατάληκτον ἐκ προκελευσματικοῦ, παίωνος γ', ἰωνι-
30 κοῦ καὶ συλλαβῆς, τὸ δ' σπονδειακὸν δίμετρον ὑπερκατάληκ-
τον, τὸ ε' ἰωνικὸν ἀπὸ μείζονος δίμετρον ὑπερκατάληκτον

---

8 1. ὤ φίλτατ' ἀνδρῶν πρίαμε φιλτάτη δὲ σύ add.M || 11 om.M ||
12 1. οὔπω δέδωκας ἀλλ' ἴσως δώσεις δίκην add.M | τὸ β'
om.P || 21 1. ὤμοι τυφλοῦμαι φέγγος ὀμμάτων τάλας add.M ||
24 om.M || 25 1. ὤμοι ἐγὼ πᾶ βῶ πᾶ στῶ πᾶ κέλσω add.M

ἐξ ἰωνικοῦ, δισπονδείου καὶ συλλαβῆς, τὸ ϛ΄ χοριαμβικὸν
τρίμετρον βραχυκατάληκτον ἐκ παίωνος α΄, χοριάμβου καὶ
πυρριχίου, τὸ ζ΄ ἀντισπαστικὸν τρίμετρον βραχυκατάληκτον
ἐξ ἀντισπάστου, ἐπιτρίτου γ΄ καὶ ἰάμβου, τὸ η΄ χοριαμβι-
5 κὸν τρίμετρον βραχυκατάληκτον ἐκ χοριάμβου, ἀντισπάστου
καὶ ἰάμβου, τὸ θ΄ ἰωνικὸν ἀπὸ μείζονος μονόμετρον ὑπερ-
κατάληκτον, τὸ ι΄ δακτυλικὸν τετράμετρον κατὰ μονοποδίαν
ὑπερκατάληκτον ἐν τῶι ὀ μ μ ά τ ω ν τοῦ τ ω ν κοινῆς
συλλαβῆς γινομένης, τὸ ια΄ τροχαϊκὸν τρίμετρον ὑπερκατά-
10 ληκτον, τὸ ιβ΄ χοριαμβικὸν δίμετρον βραχυκατάληκτον, τὸ
ιγ΄ ἰωνικὸν ἀπὸ μείζονος τρίμετρον ἀκατάληκτον ἐκ δισ-
πονδείου καὶ δύο ἰωνικῶν, τὸ ιδ΄ χοριαμβικὸν μονόμετρον
ὑπερκατάληκτον, τὸ ιε΄ ὅμοιον τρίμετρον βραχυκατάληκτον
ἐκ χοριάμβου, δισπονδείου καὶ ἰάμβου, τὸ ιϛ΄ ἀσυνάρτητον
15 ἐκ σπονδειακοῦ πενθημιμεροῦς ἤτοι δύο σπονδείων καὶ συλ-
λαβῆς καὶ ἀναπαιστικοῦ μονομέτρου ἀκαταλήκτου, τὸ ιϛ΄
ἰωνικὸν ἀπὸ μείζονος τρίμετρον βραχυκατάληκτον ἐκ προκε-
λευσματικοῦ, ἰωνικοῦ καὶ σπονδείου, τὸ ιη΄ ἀντισπαστικὸν
τρίμετρον καταληκτικὸν ἐξ ἀντισπάστου, διτροχαίου καὶ
20 ἀμφιμάκρου, τὸ ιθ΄ ἰωνικὸν ἀπὸ μείζονος τρίμετρον κατα-
ληκτικὸν ἐξ ἰωνικοῦ, ἐπιτρίτου β΄ καὶ ἀναπαίστου, τὸ κ΄
ἰαμβικὸν δίμετρον ἀκατάληκτον, τὸ κα΄ ἰωνικὸν ἀπὸ μείζο-
νος δίμετρον ἀκατάληκτον ἐξ ἰωνικοῦ καὶ διιάμβου, τὸ κβ΄
τροχαϊκὸν τρίμετρον καταληκτικὸν ἐκ διτροχαίου, ἐπιτρί-
25 του α΄ καὶ ἀμφιμάκρου, τὸ κγ΄ σπονδειακὸν δίμετρον κατα-
ληκτικὸν, τὸ κδ΄ ἀντισπαστικὸν δίμετρον ὑπερκατάληκτον
ἐξ ἐπιτρίτου β΄, ἀντισπάστου καὶ συλλαβῆς, τὸ κε΄ χοριαμ-
βικὸν δίμετρον ἀκατάληκτον ἐκ χοριάμβου καὶ ἐπιτρίτου α΄,
τὸ κϛ΄ ἀναπαιστικὸν μονόμετρον ἀκατάληκτον, τὸ κζ΄ ἰαμ-
30 βικὸν δίμετρον βραχυκατάληκτον, τὸ κη΄ ὅμοιον.
1085-1088. στίχοι ἰαμβικοὶ τρίμετροι ἀκατάληκτοι τρεῖς.
1089-1106. τοῦ παρόντος συστήματος τὰ κῶλα ιη΄· τὸ α΄ ἰαμ-

---

8 ἐν τῶι om.P ‖ 15 ἤτοι] ἤγουν M ‖ 31 om.P | 1. ὦ τλῆ-
μον ὥς σοι add.M | τρεῖς post στίχοι M ‖ 32 1. αἶ αἶ ἰὼ
Θρήκης add.M

βικὸν δίμετρον βραχυκατάληκτον, τὸ β' ἀναπαιστικὸν μονό-
μετρον ὑπερκατάληκτον, τὸ γ' χοριαμβικὸν τρίμετρον κατα-
ληκτικὸν ἐκ διιάμβου, προκελευσματικοῦ καὶ δακτύλου, τὸ
δ' ἀναπαιστικὸν δίμετρον ὑπερκατάληκτον, τὸ ε' ὅμοιον
5 ἀκατάληκτον, τὸ ϛ' ὅμοιον βραχυκατάληκτον, τοῦ α' ποδὸς
χορείου ὄντος ἀντὶ ἰάμβου, τὸ ζ' ἰαμβικὸν τρίμετρον ἀκα-
τάληκτον, τὸ η' ὅμοιον δίμετρον καταληκτικόν, τὸ θ' ὅμοι-
ον ἀκατάληκτον, τὸ ι' τροχαϊκὸν δίμετρον ἀκατάληκτον ἐκ
διτροχαίου καὶ παίωνος β', τὸ ια' χοριαμβικὸν δίμετρον
10 βραχυκατάληκτον ἐκ χοριάμβου καὶ σπονδείου, τὸ ιβ' δί-
μετρον ἐξ ἐπιτρίτων β' δύο, τὸ ιγ' χοριαμβικὸν τρίμετρον
καταληκτικὸν ἐκ δύο χοριάμβων καὶ χορείου, τὸ ιδ' ἰαμβι-
κὸν τρίμετρον βραχυκατάληκτον, τὸ ιε' ἀναπαιστικὸν δίμε-
τρον ἀκατάληκτον, τὸ ιϛ' ὅμοιον καταληκτικόν, τὸ ιζ' ὅ-
15 μοιον, τὸ ιη' ὅμοιον βραχυκατάληκτον.
1107-1292. στίχοι ἰαμβικοὶ τρίμετροι ἀκατάληκτοι μέχρι
τοῦ ἐν τῶι τέλει χοροῦ ρπϛ' ὧν τελευταῖος ἔ χ ο ν τ'
ἴ δ ο ι μ ε ν   τ ῶ ν δ'   ἀ φ ε ι μ έ ν ο ι   π ό ν ω ν
(1292).
20 1292. τέλος τῶν τριμέτρων ἰάμβων.
1293-1295. τὰ τρία ταῦτα κῶλα τοῦ χοροῦ ἀναπαιστικά εἰ-
σιν. τὸ α' δίμετρον ἀκατάληκτον, τὸ β' ὅμοιον ὑπερκατά-
ληκτον, τὸ γ' μονόμετρον ὑπερκατάληκτον.
1295. ἀναπαιστικὸς τρίμετρος καταληκτικός.

16 1. σύγγνωσθ' ὅταν τις κρεῖσσον' ἢ φέρειν κακά add.M |
στίχοι om.P | μέχρι - χοροῦ om.M ‖ 20 om.M ‖ 21 1. ἴτε
πρὸς λιμένας add.M ‖ 24 incertum quo pertineat hoc sch.

SCHOLIA IN ORESTEM

1-139. ἡ εἴσβασις τοῦ δράματος περιέχει στίχους ἰαμβικοὺς τριμέτρους ρμ' ὧν τελευταῖος τ ό ν δ' ἐ ξ ε γ ε ῖ ρ α ι σ υ μ φ ο ρ ὰ γ ε ν ή σ ε τ α ι (139).

139. τέλος τῶν τριμέτρων ἰάμβων.

140-207. ἐπεισόδιον σύστημα δι' ἀμοιβαίων κώλων νγ'· τὸ α' τροχαϊκὸν τρίμετρον καταληκτικόν, τὸ β', τὸ γ', τὸ δ', τὸ ε' καὶ τὸ ς' ἰαμβικὰ τρίμετρα ἀκατάληκτα, τὸ ζ' ἰωνικὸν ἀπὸ μείζονος τρίμετρον ὑπερκατάληκτον ἐξ ἰωνικοῦ, προκελευσματικοῦ, παίωνος γ' καὶ συλλαβῆς, τὸ γ' τροχαϊκὸν τρίμετρον ὑπερκατάληκτον ἐκ διτροχαίου, παίωνος γ', παίωνος β' καὶ συλλαβῆς, τὸ θ' δίμετρον ἀκατάληκτον ἐκ δύο προκελευσματικῶν, τὸ ι' χοριαμβικὸν τρίμετρον καταληκτικὸν ἐκ παίωνος δ', διιάμβου καὶ ἀμφιμάκρου, τὸ ια' τροχαϊκὸν τρίμετρον καταληκτικὸν ἐκ διτροχαίου, χοριάμβου καὶ ἀμφιμάκρου, τὸ ιβ' ἰωνικὸν ἀπὸ μείζονος τρίμετρον ἀκατάληκτον ἐκ παίωνος δ', ἰωνικοῦ καὶ διιάμβου, τὸ ιγ' τρίμετρον ἀκατάληκτον ἐκ παίωνων δ', β' καὶ διιάμβου, τὸ ιδ' ἀντισπαστικὸν μονόμετρον ὑπερκατάληκτον ἐξ ἀντισπάστου καὶ συλλαβῆς, τὸ ιε' ἀντισπαστικὸν δίμετρον ὑπερκατάληκτον ἐξ ἀντισπάστου, διιάμβου καὶ συλλαβῆς, τὸ ις' ἰωνικὸν ἀπὸ μείζονος τρίμετρον ἀκατάληκτον ἐξ ἰωνικοῦ, παίωνος β' καὶ διιάμβου, τὸ ιζ' χοριαμβικὸν τρίμετρον ἀκατάληκτον ἐκ χοριάμβου, ἰωνικοῦ ἀπὸ μείζονος καὶ διιάμβου, τὸ ιη' σπονδειακὸν δίμετρον ἀκατάληκτον ἐξ ἐπιτρίτου β' καὶ δισπονδείου, τὸ ιθ' τρίμετρον βραχυκατάληκτον ἐκ δύο προκελευσματικῶν καὶ πυρριχίου, τὸ κ' ὅμοιον ὑπερκατάληκτον, τὸ

tit. περὶ μέτρων οἷς ἐχρήσατο εὐριπίδης ἐν ὀρέστῃ M ‖ 1 1. οὐκ ἔστιν οὐδὲν δεινὸν ὧδ' εἰπεῖν ἔπος add.M ǀ εἴσβασις] εἴσθεσις M ‖ 4 om.M ‖ 5 1. σῖγα σῖγα λεπτὸν ἴχνος ἀρβύλης add.M ‖ 9 γ' om.M ‖ 17 β'] δύο M

κα' ὅμοιον δίμετρον ἀκατάληκτον, τὸ κβ' χοριαμβικὸν τρί-
μετρον καταληκτικὸν ἐκ παίωνος δ', διιάμβου καὶ δακτύλου,
τὸ κγ' ἀντισπαστικὸν τρίμετρον βραχυκατάληκτον ἐξ ἀντι-
σπάστου, χοριάμβου καὶ ἰάμβου, τὸ κδ' χοριαμβικὸν τετρά-
5 μετρον ἀκατάληκτον ἐκ διιάμβων δύο, ἐπιτρίτου δ' καὶ παίω-
νος δ', τὸ κε' ὅμοιον καταληκτικὸν ἐξ ἐπιτρίτου γ', διιάμ-
βου, ἐπιτρίτου α' καὶ βακχείου, τὸ κς' τρίμετρον βραχυκα-
τάληκτον ἐκ προκελευσματικῶν δύο καὶ σπονδείου, τὸ κζ' χο-
ριαμβικὸν δίμετρον ὑπερκατάληκτον ἐκ παίωνος δ', διιάμ-
10 βου καὶ συλλαβῆς, τὸ κη' τετράμετρον καταληκτικὸν ἐκ παι-
ώνων γ' δύο, παίωνος β' καὶ ἀμφιβράχεος, τὸ κθ' δίμετρον
καταληκτικὸν ἐκ παίωνος α' καὶ ἀμφιμάκρου, τὸ λ' τετρά-
μετρον βραχυκατάληκτον ἐκ δύο προκελευσματικῶν, παίωνος δ'
καὶ ἰάμβου, τὸ λα' τρίμετρον καταληκτικὸν ἐκ παίωνος δ',
15 παίωνος β' καὶ πυρριχίου, τὸ λβ' τρίμετρον ἀκατάληκτον ἐκ
παίωνος δ', παίωνος β' καὶ διιάμβου, τὸ λγ' δίμετρον ἀκα-
τάληκτον ἐκ παιώνων β' δύο, τὸ λδ' ὅμοιον ἐκ παιώνων γ',
τὸ λε' ἀσυνάρτητον ἐκ τροχαϊκοῦ πενθημιμεροῦς καὶ δακτυ-
λικοῦ πενθημιμεροῦς, τὸ λς' τρίμετρον βραχυκατάληκτον ἐκ
20 προκελευσματικῶν δύο καὶ πυρριχίου, τὸ λζ' ἰαμβικὸν τρί-
μετρον ἀκατάληκτον, τὸ λη' ἀντισπαστικὸν τρίμετρον βρα-
χυκατάληκτον ἐξ ἀντισπάστου, ἐπιτρίτου β' καὶ ἰάμβου, τὸ
λθ' ἰαμβικὸν τρίμετρον βραχυκατάληκτον, τὸ μ' ὅμοιον, τὸ
μα' τροχαϊκὸν δίμετρον ἀκατάληκτον, τὸ μβ' τρίμετρον βρα-
25 χυκατάληκτον ἐκ προκελευσματικοῦ, παίωνος δ' καὶ ἰάμβου,
τὸ μγ' δίμετρον καταληκτικὸν ἐκ παίωνος δ' καὶ δακτύλου,
τὸ μδ' ἡμιαμβεῖον ὑπερκατάληκτον, τὸ με' δίμετρον βρα-
χυκατάληκτον ἐκ προκελευσματικοῦ καὶ πυρριχίου, τὸ μς'
ἰωνικὸν ἀπὸ μείζονος ἐκ παίωνος α', ἰωνικοῦ καὶ διιάμβου,
30 τὸ μζ' ὅμοιον κατὰ πάντα τῶι λ', τὸ μη' τρίμετρον ἀκατά-
ληκτον ἐκ τριῶν προκελευσματικῶν, τὸ μθ' τρίμετρον ἐκ
παίωνος δ' καὶ δευτέρων δύο, τὸ ν' ἀναπαιστικὸν τρίμετρον
ἀκατάληκτον, τὸ να' χοριαμβικὸν τρίμετρον βραχυκατάληκτον
ἐκ χοριάμβου, παίωνος γ' καὶ πυρριχίου, τὸ νβ' τρίμετρον

---
5 δ'] γ' M

βραχυκατάληκτον ἐκ παίωνος δ' καὶ β' καὶ πυρριχίου, τὸ νγ' ἰαμβικὸν τρίμετρον ἀκατάληκτον.

208-315. στίχοι ἰαμβικοὶ τρίμετροι ἀκατάληκτοι ρη' ὧν τελευταῖος κ ά μ α τ ο ς   β ρ ο τ ο ῖ σ ι ν   ἀ π ο ρ ί α
5 τ ε   γ ί ν ε τ α ι (315).

315. τέλος τῶν τριμέτρων ἰάμβων.

316-355. τὸ τοῦ χοροῦ τοῦδε σύστημα ἐκ κώλων ἐστὶ λζ'· τὸ α' τρίμετρον βραχυκατάληκτον ἐκ παιώνων β' δύο καὶ ἰάμβου, τὸ β' χοριαμβικὸν ὅμοιον ἐκ χοριάμβου, διιάμβου καὶ
10 τροχαίου, τὸ γ' δίμετρον ἐκ παίωνος α' καὶ προκελευσματικοῦ, τὸ δ' χοριαμβικὸν δίμετρον βραχυκατάληκτον ἐκ χοριάμβου καὶ ἰάμβου, τὸ ε' τρίμετρον καταληκτικὸν ἐκ διιάμβου, παίωνος β' καὶ ἀμφιβράχεος, τὸ ς' τρίμετρον ἀκατάληκτον ἐκ παίωνος α', ἐπιτρίτου β' καὶ δακτύλου, τὸ ζ'
15 τρίμετρον ἀκατάληκτον ἐκ χοριάμβου, ἀντισπάστου καὶ διιάμβου, τὸ η' τρίμετρον ἐκ παίωνος δ', παίωνος β' καὶ διιάμβου, τὸ θ' ὅμοιον καταληκτικὸν ἐκ τῶν αὐτῶν ποδῶν, τοῦ γ' τρισυλλάβου ὄντος ἤγουν ἀμφιβράχεος, τὸ ι' τετράμετρον βραχυκατάληκτον ἐξ ἐπιτρίτου β', ἰωνικοῦ ἀπὸ μείζονος,
20 ἀντισπάστου καὶ ἰάμβου, τὸ ια' τρίμετρον ὑπερκατάληκτον ἐκ δισπονδείου, χοριάμβου, ἐπιτρίτου α' καὶ συλλαβῆς, τὸ ιβ' δίμετρον καταληκτικὸν ἐκ προκελευσματικοῦ καὶ χορείου, τὸ ιγ' τετράμετρον βραχυκατάληκτον ἐκ διτροχαίου, παίωνος δ', προκελευσματικοῦ καὶ πυρριχίου, τὸ ιδ' τρίμετρον κατα-
25 ληκτικὸν ἐκ προκελευσματικοῦ, παίωνος β' καὶ βακχείου, τὸ ιε' καὶ τὸ ις' μονόμετρα καταληκτικὰ ἐκ βακχείων, τὸ ιζ' τετράμετρον βραχυκατάληκτον ἐκ προκελευσματικοῦ, παιώνων δ' δύο καὶ ἰάμβου, τὸ ιη' τρίμετρον ἀκατάληκτον ἐξ ἐπιτρίτου δ' καὶ παιώνων α' δύο, τὸ ιθ' χοριαμβικὸν δίμετρον
30 βραχυκατάληκτον ἐκ χοριάμβου καὶ σπονδείου, τὸ κ' τρίμε-

---

3 1. ὅρα παροῦσα παρθέν' ἠλέκτρα πέλας add.M | στίχοι om. P || 6 om.M || 7 1. αἴ αἴ δρομάδες ὦ πτεροφόροι add.M | λζ' om.P || 29 ιθ' κῶλον P

τρον καταληκτικὸν ἐξ ἀντισπάστου, διτροχαίου καὶ ἀμφιμά-
κρου, τὸ κα' τρίμετρον ἐκ χοριάμβου, παίωνος β' καὶ ἐπι-
τρίτου α', τὸ κβ', τὸ κγ' καὶ τὸ κδ' τρίμετρα ἀκατάληκτα
ἐκ παιώνων δ', β' καὶ διιάμβων, τὸ κε' τρίμετρον καταληκ-
5 τικὸν ἐξ ἐπιτρίτου α', διτροχαίου καὶ βακχείου, τὸ κς'
δίμετρον καταληκτικὸν ἐξ ἐπιτρίτου α' καὶ ἀμφιμάκρου, τὸ
κζ' δίμετρον καταληκτικὸν ἐκ διιάμβου καὶ ἰωνικοῦ ἀπὸ
μείζονος, τὸ κη' δίμετρον ἀκατάληκτον ἐκ προκελευσματικοῦ
καὶ παίωνος γ', τὸ κθ' τρίμετρον ὑπερκατάληκτον ἐκ παίω-
10 νος δ', προκελευσματικοῦ, παίωνος γ' καὶ συλλαβῆς, τὸ λ'
τρίμετρον καταληκτικὸν ἐκ παίωνος δ', διιάμβου καὶ ἀμφι-
μάκρου· τὰ δὲ ἐξῆς ζ' κῶλα ἀναπαιστικά εἰσι μεμιγμένα
δακτύλοις, σπονδείοις καὶ ἰάμβοις, τὸ λα' δίμετρον ἀκα-
τάληκτον, τὸ λβ' δίμετρον βραχυκατάληκτον, τὸ λγ' δίμε-
15 τρον καταληκτικόν, τὸ λδ' δίμετρον ἀκατάληκτον, τὸ λε'
ὅμοιον, τὸ λς' τρίμετρον βραχυκατάληκτον, τὸ λζ' δίμετρον
ὑπερκατάληκτον.
356-728. στίχοι ἰαμβικοὶ τρίμετροι ἀκατάληκτοι τοβ' ὧν
τελευταῖος κρείσσων γαλήνης ναυτί-
20 λοισιν εἰσορᾶν (728).
728. τέλος τῶν τριμέτρων ἰάμβων.
729-806. σύστημα ἀμοιβαῖον ἐκ στίχων τροχαϊκῶν τετραμέ-
τρων καταληκτικῶν οη' ὧν τελευταῖος μυρίων κρείσ-
σων ὁμαίμων ἀνδρὶ κεκτῆσθαι φί-
25 λος (806). λέγεται δὲ τὸ μέτρον τοῦτο τροχαϊκὸν οὐχ
ὅτι πάντας τοὺς πόδας ἔχει τροχαίους, ἀλλ' ἐκ τοῦ πλεονά-
ζοντος καὶ μάλισθ' ὅτι καὶ ὁ τελευταῖος ἤγουν ἕβδομος
ποῦς ὁ πρὸ τῆς καταληκτικῆς συλλαβῆς τροχαῖός ἐστιν ἐν
πᾶσιν· ἐν δὲ ταῖς ἄλλαις χώραις ἐπιδέχεται καὶ τοὺς ἄλ-
30 λους δισυλλάβους καὶ τρισυλλάβους πόδας οὓς ἐπιδέχεται

18 1. ὦ δῶμα τῇ μὲν σ' ἡδέως προσδέρκομαι add.M ‖ 21 om.
M ‖ 22 1. θᾶσσον ἤ μ' ἐχρῆν προσβαίνων ἱκόμην διὰ τοῦ ἄσ-
τεος add.M

καὶ τὸ ἰαμβικὸν πλὴν δακτύλου.
806. τέλος τῶν τροχαϊκῶν τετραμέτρων.
807-843. τὸ σύστημα τοῦ παρόντος χοροῦ ἐκ κώλων συνίσταται λζ'· τὸ α' παιωνικὸν δίμετρον ὑπερκατάληκτον ἐκ παίω-
5 νος δ', παίωνος β' καὶ συλλαβῆς, τὸ β' ὅμοιον ἀκατάληκτον, τὸ γ' ἰαμβικὸν ἢ ἀναπαιστικὸν δίμετρον ἀκατάληκτον, τὸ δ' χοριαμβικὸν τρίμετρον ὑπερκατάληκτον ἐκ παίωνος δ', ἀντισπάστου, διιάμβου καὶ συλλαβῆς, τὸ ε' ὅμοιον ἀκατάληκτον ἐκ παίωνος δ', χοριάμβου καὶ διιάμβου, τὸ ς' τρί-
10 μετρον βραχυκατάληκτον ἐκ παίωνος δ', παίωνος β' καὶ τροχαίου, τὸ ζ' δακτυλικὸν τρίμετρον καταληκτικὸν κατὰ μονοποδίαν, τὸ η' ἰαμβικὸν δίμετρον καταληκτικόν, τὸ θ' τρίμετρον καταληκτικὸν ἐκ παίωνος δ', ἰωνικοῦ ἀπὸ μείζονος καὶ δακτύλου, τὸ ι' ἰαμβικὸν δίμετρον βραχυκατάληκτον,
15 τὸ ια' ὅμοιον καταληκτικόν, τὸ ιβ' ὅμοιον βραχυκατάληκτον, τὸ ιγ' δίμετρον ὑπερκατάληκτον ἐκ παίωνος δ' καὶ παίωνος β' καὶ συλλαβῆς, τὸ ιδ' ὅμοιον, τὸ ιε' ὅμοιον, τὸ ις' τρίμετρον ἀκατάληκτον ἐκ παίωνος δ', παίωνος β' καὶ διτροχαίου, τὸ ιζ' ἰαμβικὸν τρίμετρον ἀκατάληκτον, τὸ
20 ιη' ὅμοιον δίμετρον ὑπερκατάληκτον, τὸ ιθ' ἀναπαιστικὸν δίμετρον βραχυκατάληκτον, τὸ κ' ὅμοιον καταληκτικόν, τὸ κα' ὅμοιον βραχυκατάληκτον, τὸ κβ' ὅμοιον καταληκτικόν, τὸ κγ' ὅμοιον, τὸ κδ' ὅμοιον μονόμετρον ἀκατάληκτον, τὸ κε' δακτυλικὸν τετράμετρον καταληκτικόν, τὸ κς' ἰωνικὸν
25 ἀπ' ἐλάσσονος δίμετρον ἀκατάληκτον ἐξ ἰωνικοῦ καὶ χοριάμβου, τὸ κζ' χοριαμβικὸν τρίμετρον καταληκτικὸν ἐξ ἐπιτρίτου δ', διιάμβου καὶ βακχείου, τὸ κη' δίμετρον καταληκτικὸν ἐξ ἐπιτρίτου β' καὶ ἀναπαίστου, τὸ κθ' ἀναπαιστικὸν δίμετρον βραχυκατάληκτον, τὸ λ' δακτυλικὸν τρίμετρον ὑπερ-
30 κατάληκτον, τὸ λα' ἀναπαιστικὸν δίμετρον καταληκτικόν, τὸ

---

2 om.M ‖ 3 1. ὁ μέγας ὄλβος ἅ τ' ἀρετά add.M ‖ 21-22 τὸ κα' - καταληκτικόν om.M

Orestes

λβ' ὅμοιον βραχυκατάληκτον, τὸ λγ' ὅμοιον, τοῦ τελευταίου ποδὸς χορείου ὄντος, τὸ λδ' δακτυλικὸν τρίμετρον ὑπερκατάληκτον, τὸ λε' ὅμοιον, τὸ λς' δίμετρον ὑπερκατάληκτον ἐκ προκελευσματικοῦ, παίωνος γ' καὶ συλλαβῆς, τὸ λζ' τρο-
5 χαϊκὸν δίμετρον ἀκατάληκτον.
844-959. στίχοι ἰαμβικοὶ τρίμετροι ἀκατάληκτοι ρις' ὧν τελευταῖος ὥ ς ε ἰ ς σ τ ε ν α γ μ ο ὺ ς κ α ὶ γ ό - ο υ ς δ ρ α μ ο υ μ έ ν η (959).
959. τέλος τῶν τριμέτρων ἰάμβων.
10 960-1017. τὸ παρὸν σύστημα κώλων ἐστὶν ξα'· τὸ α' ἰαμβικὸν τρίμετρον ἀκατάληκτον ἔχον κοινὴν συλλαβὴν ἐπὶ τοῦ δ' ποδὸς τὸ μ ω ν, τὸ β' ὅμοιον τρίμετρον ἀκατάληκτον, τὸ γ' τροχαϊκὸν δίμετρον βραχυκατάληκτον, τὸ δ' ἰαμβικὸν τρίμετρον καταληκτικόν, τὸ ε' τροχαϊκὸν τρίμετρον ὑπερκα-
15 τάληκτον, τὸ ς' ὅμοιον δίμετρον ὑπερκατάληκτον, τοῦ α' ποδὸς ἀναπαίστου ὄντος, τὸ ζ' ἰαμβικὸν τρίμετρον ἀκατάληκτον, τὸ η' δίμοιρον ἔπους ἤγουν στίχου ἡρωϊκοῦ, τὸ θ' ἀσυνάρτητον ἐξ ἰαμβικοῦ διμέτρου καὶ τροχαϊκοῦ διμέτρου καταληκτικοῦ, τὸ ι' ὅμοιον ἐκ διμέτρου ἰαμβικοῦ καὶ τρο-
20 χαϊκοῦ διμέτρου βραχυκαταλήκτου, τὸ ια' ὅμοιον τῶι α' καὶ ζ', τὸ ιβ' ὅμοιον, τὸ ιγ' ἰαμβικὸν δίμετρον καταληκτικόν, τὸ ιδ' ὅμοιον τῶι α' καὶ ζ' καὶ ια', τὸ ιε' τροχαϊκὸν δίμετρον ἀκατάληκτον, τὸ ις' ὅμοιον τῶι α' καὶ ζ' καὶ ια' καὶ ιδ', τὸ ιζ' τρίμετρον καταληκτικὸν ἐκ προκελευσματι-
25 κοῦ, διτροχαίου καὶ δακτύλου, τὸ ιη' τροχαϊκὸν μονόμετρον ἀκατάληκτον, τὸ ιθ' ἰαμβικὸν δίμετρον ἀκατάληκτον, τὸ κ' τροχαϊκὸν δίμετρον καταληκτικόν, τὸ καὶ ἐφθημιμερὲς λεγόμενον, τὸ κα' τρίμετρον βραχυκατάληκτον ἐκ διιάμβου, ἐπιτρίτου δ' καὶ σπονδείου, τὸ κβ' ἀσυνάρτητον ἐξ ἰαμβικοῦ
30 συζυγίας καὶ τροχαϊκοῦ πενθημιμεροῦς, τὸ κγ' τροχαϊκὸν ἐφθημιμερές, τὸ κδ' δίμετρον καταληκτικὸν ἐξ ἐπιτρίτου δ

---

6 1. γυναῖκες ἦ που τῶνδ' ἀφώρμηται δόμων add.M ‖ 9 om. M ‖ 10 1. κατάρχομαι στεναγμῶν ὦ πελασγία add.M ‖ 12 ὅμοιον om.M

καὶ ἀναπαίστου, τὸ κε΄ τρίμετρον ἀκατάληκτον ἐκ διιάμβου,
διτροχαίου καὶ παίωνος δ΄, τὸ κς΄ ἰαμβικὸν δίμετρον ὑπερ-
κατάληκτον, τὸ κζ΄ τρίμετρον βραχυκατάληκτον ἐξ ἐπιτρί-
του α΄, προκελευσματικοῦ καὶ σπονδείου, τὸ κη΄ ἰαμβικὸν
5 δίμετρον ἀκατάληκτον, τὸ λεγόμενον παρά τισι ἀνακρεόν-
τειον, τὸ κθ΄ τρίμετρον ὑπερκατάληκτον ἐκ δύο προκελευσ-
ματικῶν, παίωνος γ΄ καὶ συλλαβῆς, τὸ λ΄ δίμετρον τροχαϊ-
κὸν βραχυκατάληκτον, τὸ λα΄ δίμετρον ὑπερκατάληκτον ἐκ
δισπονδείου, διιάμβου καὶ συλλαβῆς, τὸ λβ΄ ὅμοιον τῶι κη΄,
10 τὸ λγ΄ τρίμετρον ὑπερκατάληκτον ἐκ παίωνος β΄, προκελευσ-
ματικοῦ, παίωνος δ΄ καὶ συλλαβῆς, τὸ λδ΄ τροχαϊκὸν τρί-
μετρον βραχυκατάληκτον, τὸ λε΄ ἀναπαιστικὸν δίμετρον ἀκα-
τάληκτον, τὸ λς΄ τροχαϊκὸν πενθημιμερές, τὸ λζ΄ δίμετρον
ἀκατάληκτον ἐκ παίωνος α΄ καὶ ἐπιτρίτου β΄, τὸ λη΄ ὅμοι-
15 ον τῶι κη΄ καὶ λβ΄, τὸ λθ΄ τροχαϊκὸν ἐφθημιμερές, τὸ μ΄
ἰαμβικὸν τρίμετρον ἀκατάληκτον, τὸ μα΄ ἰαμβικὸν δίμετρον
ὑπερκατάληκτον, τὸ μβ΄ τετράμετρον καταληκτικὸν ἐκ δύο
προκελευσματικῶν, ἰωνικοῦ ἀπ᾽ ἐλάσσονος καὶ ἀναπαίστου,
τὸ μγ΄ τρίμετρον ὑπερκατάληκτον ἐκ προκελευσματικοῦ, δι-
20 ιάμβου, παίωνος β΄ καὶ συλλαβῆς, τὸ μδ΄ ὅμοιον καταληκ-
τικὸν ἐκ προκελευσματικοῦ, διτροχαίου καὶ ἀμφιμάκρου, τὸ
με΄ ἰαμβικὸν τρίμετρον καταληκτικόν, τὸ μς΄ ἀναπαιστικὸν
μονόμετρον ὑπερκατάληκτον, τὸ μζ΄ δίμοιρον ἔπους, τὸ μη΄
τρίτον ἔπους, τὸ μθ΄ ὅμοιον τῶι μζ΄, τὸ ν΄ ἀναπαιστικὸν
25 μονόμετρον ἀκατάληκτον, τὸ να΄ ὅμοιον δίμετρον καταληκτι-
κόν, τὸ νβ΄ ὅμοιον τῶι μη΄, τὸ νγ΄ ἀναπαιστικὸν δίμετρον
ἀκατάληκτον, συνιζήσεως γενομένης ἐν τῶι α΄ ποδί, τὸ νδ΄
ὅμοιον τρίμετρον βραχυκατάληκτον, τὸ νε΄ τροχαϊκὸν τρί-
μετρον ὑπερκατάληκτον, τὸ νς΄ ὅμοιον τῶι νη΄, τὸ νζ΄
30 ὅμοιον αὐτοῖς ὁμοίως καὶ τὸ νη΄, τὸ νθ΄ ὅμοιον μονόμε-
τρον ἀκατάληκτον, τὸ ξ΄ ἀντισπαστικὸν τρίμετρον καταληκ-
τικὸν ἐκ δύο ἀντισπάστων καὶ βακχείου, τὸ ξα΄ ἀναπαιστι-
κὸν δίμετρον καταληκτικόν.
1018-1245. στίχοι ἰαμβικοὶ τρίμετροι ἀκατάληκτοι σκη΄ ὧν

---

34 1. οἲ ἐγὼ πρὸ τύμβου γὰρ σ᾽ ὁρῶσ᾽ ἀναστένω add.M

τελευταῖος ἢ ζῆν ἅπασιν ἢ θανεῖν ὀφ-
είλεται (1245).
1246-1260. σύστημα ἐκ κώλων δ'· τὸ α' ἰαμβικὸν δίμετρον
ὑπερκατάληκτον, τὸ β' τρίμετρον βραχυκατάληκτον ἐκ παιών-
ων δ' δύο καὶ σπονδείου, τὸ γ' τετράμετρον βραχυκατάληκ-
τον ἐκ διιάμβου, ἐπιτρίτου δ', παρακελευσματικοῦ καὶ τρο-
χαίου, τὸ δ' τρίμετρον καταληκτικὸν ἐκ παίωνος γ', παίω-
νος α' καὶ ἀμφιμάκρου· καὶ ἐφεξῆς στίχοι ἰαμβικοὶ τρίμε-
τροι ἀκατάληκτοι η'.
1261-1272. ἕτερον συστημάτιον καὶ αὐτὸ κώλων ὁμοίων δ'·
τὸ α' χοριαμβικὸν τρίμετρον ἀκατάληκτον ἐκ χοριάμβου, παί-
ωνος β' καὶ διιάμβου, τὸ β' ἰαμβικὸν τρίμετρον ἀκατάληκ-
τον, τὸ γ' τετράμετρον βραχυκατάληκτον ἐκ παίωνος δ', δι-
ιάμβου, ἐπιτρίτου δ' καὶ πυρριχίου, τὸ δ' τρίμετρον ὑπερ-
κατάληκτον ἐκ παίωνος β', προκελευσματικοῦ, ἐπιτρίτου
β' καὶ συλλαβῆς· καὶ ἐφεξῆς στίχοι ἰαμβικοὶ τρίμετροι ἀ-
κατάληκτοι δ'.
1273-1280. ἕτερον συστημάτιον ἐκ κώλων δ'· τὸ α' τετρά-
μετρον ἀκατάληκτον ἐκ προκελευσματικοῦ, παίωνος δ', παί-
ωνος β' καὶ διιάμβου, τὸ β' ἰαμβικὸν τρίμετρον ἀκατάληκ-
τον, τὸ γ' ἀναπαιστικὸν δίμετρον ἀκατάληκτον, τὸ δ' δακ-
τυλικὸν τρίμετρον ὑπερκατάληκτον· καὶ ἐφεξῆς στίχοι ἰαμ-
βικοὶ τρίμετροι ἀκατάληκτοι γ'.
1281-1298. σύστημα ἐκ κώλων ι' ὧν τὸ β', τὸ ε', τὸ η'
καὶ τὸ θ' ἰαμβικοὶ τρίμετροι ἀκατάληκτοι· τὸ α' τρίμετρον
ἀκατάληκτον ἐκ παιώνων δ' καὶ β' καὶ διιάμβου, τὸ γ' ὅμοι-
ον ἐκ παίωνος δ', δισπονδείου καὶ ἀντισπάστου, τὸ δ' τρο-
χαϊκὸν δίμετρον καταληκτικὸν ἤγουν ἐφθημιμερές, τὸ ς'
τρίμετρον ἀκατάληκτον ἐκ παίωνος δ', ἰωνικοῦ ἀπὸ μείζονος
καὶ δισπονδείου, τὸ ζ' ὅμοιον ἐκ παίωνος δ', διιάμβου καὶ

3 1. μυκηνίδες add.M || 10 1. δόχμια νῦν κόρας add.M || 18
1. ἄφοβος ἔχε add.M || 24 1. φέρε νῦν ἐν πύλαισιν add.M

ἐπιτρίτου α΄, τὸ ι΄ ὅμοιον καταληκτικὸν ἐξ ἀντισπάστου, ἐπιτρίτου γ΄ καὶ ἀμφιβράχεος· καὶ ἑξῆς στίχοι ἰαμβικοὶ τρίμετροι ἀκατάληκτοι γ΄.

1299-1352. ἕτερον σύστημα ἐκ κώλων θ΄· τὸ α΄ ἀσυνάρτητον
5 ἐξ ἡμίσεος ἐλεγείου ἤγουν δακτυλικοῦ πενθημιμεροῦς καὶ τροχαϊκοῦ ὁμοίως πενθημιμεροῦς, τὸ β΄ καὶ τὸ γ΄ ἰαμβικὰ τρίμετρα ἀκατάληκτα, τὸ δ΄ τρίμετρον ὑπερκατάληκτον ἐξ ἀμφιβράχεων ϛ΄ καὶ συλλαβῆς, τὸ ε΄ τρίμετρον ἀκατάληκτον ἐξ ἰωνικοῦ ἀπὸ μείζονος, ἰωνικοῦ ἀπ᾽ ἐλάσσονος καὶ προ-
10 κελευσματικοῦ, τὸ ϛ΄ τρίμετρον ὑπερκατάληκτον ἐκ παίωνος α΄, διοπονδείου, ἰωνικοῦ ἀπ᾽ ἐλάσσονος καὶ συλλαβῆς, τὸ ζ΄ τρίμετρον καταληκτικὸν ἐκ δύο προκελευσματικῶν καὶ ἀναπαίστου, τὸ η΄ ὅμοιον ἀκατάληκτον ἐκ τριῶν προκελευσματικῶν, τὸ θ΄ τετράμετρον ἀκατάληκτον ἐκ διιάμβου, προ-
15 κελευσματικοῦ, διτροχαίου καὶ διοπονδείου· καὶ ἐφεξῆς ἰαμβικοὶ τρίμετροι ἀκατάληκτοι μβ΄ ὧν τελευταῖος ε ὑ ρ ὼ ν ἔ π ρ α ξ ε ν ο ἷ α χ ρ ὴ π ρ ά τ τ ε ι ν κ α κ ο ύ ς (1352).

1353-1360. σύστημα ἄχρι τοῦ χοροῦ ἐκ κώλων θ΄ ὧν τὸ δ΄,
20 τὸ ε΄, τὸ η΄ καὶ τὸ θ΄ ἰαμβικὰ τρίμετρα ἀκατάληκτα· τὸ α΄ ἡμιαμβεῖον, τὸ β΄ τρίμετρον καταληκτικὸν ἐκ παίωνος δ΄, διιάμβου καὶ ἀμφιμάκρου, τὸ γ΄ ὅμοιον ἐξ ἰωνικοῦ ἀπ᾽ ἐλάσσονος, διιάμβου καὶ δακτύλου, τὸ ϛ΄ τρίμετρον ἀκατάληκτον ἐκ παιώνων δ΄ καὶ δύο β΄, τὸ ζ΄ ὅμοιον καταληκτι-
25 κὸν ἐξ ἀντισπάστου, διτροχαίου καὶ δακτύλου.

1361-1368. σύστημα τὸ τοῦ χοροῦ ἐκ κώλων ζ΄· τὸ α΄ τετράμετρον καταληκτικὸν ἐκ παίωνος δ΄, διιάμβου, παίωνος αὖθις δ΄ καὶ ἀναπαίστου, τὸ β΄ ἀναπαιστικὸν δίμετρον ὑπερκατάληκτον, τὸ γ΄ τετράμετρον βραχυκατάληκτον ἐκ προκε-
30 λευσματικῶν γ΄ καὶ τροχαίου, τὸ δ΄ τρίμετρον καταληκτικὸν ἐκ παίωνος δ΄, διιάμβου καὶ δακτύλου· τὰ ἐφεξῆς γ΄ ἤγουν τὸ ε΄, τὸ ϛ΄ καὶ τὸ ζ΄ ἰαμβικὰ τρίμετρα ἀκατάληκτα.

---

1 α΄] γ΄ α΄ ut vid.P ‖ 4 1. ὢ διός ὢ διός add.M ‖ 19 1. ἰὼ ἰὼ φίλαι add.M ‖ 26 1. διὰ δίκας ἔβα add.M

1369-1394. τὸ τοῦ Φρυγὸς σύστημα ἐκ κώλων ἐστὶ ι'· τὸ α'
δακτυλικὸν τετράμετρον ὑπερκατάληκτον, τὸ β' τροχαϊκὸν
τετράμετρον ἀκατάληκτον, τὸ γ' ἰαμβικὸν τρίμετρον κατα-
ληκτικόν, τὸ δ' τροχαϊκὸν δίμετρον καταληκτικόν, τὸ κα-
5 λούμενον ἐφθημιμερές, τὸ ε' ἡμιελεγεῖον ἤγουν δακτυλικὸν
πενθημιμερές, τὸ ς' τροχαϊκὸν δίμετρον βραχυκατάληκτον,
τὸ ζ' ὅμοιον τῶι δ', τὸ η' τρίμετρον ἀκατάληκτον ἐκ παι-
ώνων δ' καὶ β' καὶ ἀντισπάστου, τὸ θ' ἰαμβικὸν τρίμετρον
βραχυκατάληκτον, τὸ ι' ὅμοιον τῶι δ' καὶ ζ'· εἶτα τοῦ χο-
10 ροῦ μονόκωλον ἰαμβικὸν τρίμετρον ἀκατάληκτον καὶ αὖθις
ἕτερον σύστημα τοῦ Φρυγὸς ἐκ κώλων θ'· τὸ α' στίχος ἡρωϊ-
κός, τὸ β' τροχαϊκὸν τετράμετρον καταληκτικόν, τὸ γ' ὅ-
μοιον, τὸ δ' τετράμετρον καταληκτικὸν ἐκ παιώνων δ', α'
καὶ β' καὶ δακτύλου, τὸ ε' δακτυλικὸν τρίμετρον κατὰ μο-
15 νοποδίαν ὑπερκατάληκτον, τὸ ς' τετράμετρον βραχυκατάληκ-
τον ἐκ παίωνος δ', ἐπιτρίτου δ', ἐπιτρίτου β' καὶ ἰάμβου,
τὸ ζ' ἰαμβικὸν δίμετρον βραχυκατάληκτον, τὸ η' τρίμετρον
ἀκατάληκτον ἐκ παιώνων δ' δύο καὶ χοριάμβου, τὸ θ' ἀνα-
παιστικὸν τρίμετρον ἀκατάληκτον· εἶτα δύο κῶλα τοῦ χοροῦ
20 ἰαμβικὰ τρίμετρα ἀκατάληκτα.
1395-1425. ἕτερον σύστημα τοῦ Φρυγὸς ἐκ κώλων κδ'· τὸ α'
ἀναπαιστικὸν δίμετρον ἀκατάληκτον, τὸ β' ἀσυνάρτητον ἐκ
τριῶν τροχαίων καὶ ἰωνικῶν δύο ἀπὸ μείζονος καὶ ἀπ' ἐλάσ-
σονος, τὸ γ' ἀναπαιστικὸν δίμετρον ὑπερκατάληκτον, τὸ δ'
25 τρίμετρον ὑπερκατάληκτον ἐκ προκελευσματικοῦ, διτροχαίου,
ἰωνικοῦ ἀπ' ἐλάσσονος καὶ συλλαβῆς, τὸ ε' τροχαϊκὸν τρί-
μετρον καταληκτικόν, τὸ ς' ἰαμβικὸν τρίμετρον βραχυκατά-
ληκτον, τὸ ζ' τροχαϊκὸν τρίμετρον ὑπερκατάληκτον, τὸ η'
ἀναπαιστικὸν δίμετρον καταληκτικόν, τὸ θ' δακτυλικὸν πεν-
30 τάμετρον κατὰ μονοποδίαν ὑπερκατάληκτον, τὸ ι' ἀναπαιστι-
κὸν δίμετρον ἀκατάληκτον, τὸ ια' ὅμοιον τρίμετρον βραχυ-
κατάληκτον, τὸ ιβ' τροχαϊκὸν δίμετρον ὑπερκατάληκτον, τὸ

---

1 1. ἀργεῖον ξίφος add.M ‖ 13 δ' κῶλον P ‖ 21 1.αἴλινον
αἴλινον add.M ‖ 24 τὸ γ' bis P

ιγ' τροχαϊκὸν τετράμετρον καταληκτικόν, τὸ ιδ' τροχαϊκὸν τρίμετρον ἀκατάληκτον, τὸ ιε' ἰαμβικὸν τρίμετρον καταληκτικόν, τὸ ις' ὅμοιον δίμετρον ὑπερκατάληκτον, τὸ ιζ' τρίμετρον καταληκτικὸν ἐκ δύο προκελευσματικῶν καὶ ἀναπαίσ-
5 του, τὸ ιη' ὅμοιον, τοῦ γ' ποδὸς μολοσσοῦ, τὸ ιθ' ὅμοιον ἀκατάληκτον ἐκ τριῶν προκελευσματικῶν, τὸ κ' τροχαϊκὸν τρίμετρον ἀκατάληκτον, τὸ κα' ὅμοιον ὑπερκατάληκτον, τὸ κβ' ὅμοιον ἀκατάληκτον, τὸ κγ' ὅμοιον, τὸ κδ' δίμετρον καταληκτικὸν ἐκ διιάμβου καὶ ἀμφιμάκρου· εἶτα χορὸς μο-
10 νόκωλος, οὗ τὸ κῶλον ἰαμβικὸν τρίμετρον ἀκατάληκτον.

1426-1452. τὰ τοῦ Φρυγὸς κῶλα κβ' εἰσί· τὸ α' ἀναπαιστικὸν δίμετρον ἀκατάληκτον, τὸ β' ὅμοιον καταληκτικόν, τὸ γ' ὅμοιον τῶι α', τὸ δ' ὅμοιον ὑπερκατάληκτον, τὸ ε' τροχαϊκὸν τρίμετρον βραχυκατάληκτον, τὸ ς' ὅμοιον, τὸ
15 ζ' δίμετρον ἀκατάληκτον ἐκ παίωνος α' καὶ παίωνος δ', ὃ καὶ περίοδος καλεῖται διὰ τὸ ὁμοίως ἔχειν εἴτε ἀπὸ τῆς ἀρχῆς ἄρξεταί τις εἴτε ἀπὸ τοῦ τέλους, τὸ η' ἀναπαιστικὸν τρίμετρον βραχυκατάληκτον, τὸ θ' δίμετρον ὑπερκατάληκτον ἐκ χοριάμβου, ἐπιτρίτου δ' καὶ συλλαβῆς, τὸ ι' τρί-
20 μετρον ὑπερκατάληκτον ἐκ παιώνων δ' δύο, διιάμβου καὶ συλλαβῆς, τὸ ια' ἀναπαιστικὸν τρίμετρον βραχυκατάληκτον, τὸ ιβ' τροχαϊκὸν τρίμετρον ἀκατάληκτον, τὸ ιγ' τρίμετρον ὑπερκατάληκτον ἐξ ἰωνικοῦ ἀπὸ μείζονος, παίωνος γ', παίωνος δ' καὶ συλλαβῆς, τὸ ιδ' ὅμοιον ἐξ ἐπιτρίτου δ', δι-
25 ιάμβου, διτροχαίου καὶ συλλαβῆς, τὸ ιε' ἰαμβικὸν τρίμετρον βραχυκατάληκτον, τὸ ις' ὅμοιον δίμετρον καταληκτικόν, τὸ ιζ', τὸ ιη' καὶ τὸ ιθ' ἰαμβικὰ τρίμετρα ἀκατάληκτα, τὸ κ' τροχαϊκὸν τρίμετρον βραχυκατάληκτον, τὸ κα' ὅμοιον τετράμετρον καταληκτικόν, τὸ κβ' ἀναπαιστικὸν τρίμετρον βρα-
30 χυκατάληκτον· εἶτα τοῦ χοροῦ κῶλον α' ἰαμβικὸν τρίμετρον ἀκατάληκτον.

---

1 ιδ' κῶλον P ‖ 11 1. φρυγίοις ἔτυχον add.M | τὰ δὲ τοῦ φρυγὸς P ‖ 19 ι' κῶλον P

22   Orestes

   1453-1473. τὸ παρὸν τόδε σύστημα τοῦ Φρυγὸς ἐκ κώλων ἐσ-
   τὶ ιη'· τὸ α' τετράμετρον καταληκτικὸν ἐξ ἐπιτρίτου α'
   καὶ γ', ἀντισπάστου καὶ βακχείου, τὸ β' ἀναπαιστικὸν τρί-
   μετρον καταληκτικόν, τὸ γ' ἀναπαιστικὸν τετράμετρον κατα-
 5 ληκτικόν, τὸ δ' ἡμιαμβεῖον, τὸ ε' τρίμετρον ὑπερκατάληκ-
   τον ἐκ διιάμβων δύο, διτροχαίου καὶ συλλαβῆς, τὸ ς' τρί-
   μετρον καταληκτικὸν ἐξ ἐπιτρίτου γ', ἀντισπάστου καὶ ἀμ-
   φιμάκρου, τὸ ζ' τροχαϊκὸν τρίμετρον ὑπερκατάληκτον, τὸ
   η' ὅμοιον, τὸ θ' ἰαμβικὸν τρίμετρον καταληκτικόν, τὸ ι'
10 ὅμοιον βραχυκατάληκτον, τὸ ια' δίμοιρον ἔπους, τὸ ιβ'
   τροχαϊκὸν τρίμετρον ἀκατάληκτον, τὸ ιγ' τρίμετρον βραχυ-
   κατάληκτον ἐκ διιάμβου, παίωνος δ' καὶ σπονδείου, τὸ ιδ'
   ἰαμβικὸν τρίμετρον ἀκατάληκτον, τὸ ιε' τροχαϊκὸν τρίμε-
   τρον καταληκτικόν, τὸν α' καὶ τὸν β' πόδα χορείους ἔχον
15 ἀντὶ τροχαίων, τὸ ις' ὅμοιον ὑπερκατάληκτον, τὸ ιζ' ἰαμ-
   βικὸν τρίμετρον ἀκατάληκτον, τὸ ιη' τροχαϊκὸν τρίμετρον
   ὑπερκατάληκτον· εἶτα χορὸς μονόκωλος ἐξ ἰαμβικοῦ τριμέ-
   τρου ἀκαταλήκτου.
   1473-1536. τὸ τελευταῖον τοῦτο σύστημα τοῦ Φρυγὸς ἐκ κώ-
20 λων ἐστὶν κθ'· τὸ α' ἰαμβικὸν τρίμετρον βραχυκατάληκτον,
   τὸ β' ὅμοιον ἀκατάληκτον, τὸ γ' ὅμοιον τῶι β', τὸ δ' ὅ-
   μοιον δίμετρον ἀκατάληκτον, τὸ ε' ὅμοιον τῶι β' καὶ γ',
   τὸ ς' σύνθετον ἐξ ἰαμβικοῦ πενθημιμεροῦς καὶ ἀναπαιστι-
   κοῦ ὁμοίου, τὸ ζ' τετράμετρον ἀκατάληκτον ἐκ διτροχαίου,
25 ἰωνικοῦ ἀπὸ μείζονος, παίωνος β' καὶ ἰωνικοῦ ἀπ' ἐλάσ-
   σονος, τὸ η' ἰαμβικὸν τρίμετρον ἀκατάληκτον ὁμοίως καὶ
   τὸ ιε' καὶ τὸ ις' καὶ τὸ κ' καὶ τὸ κβ', τὸ θ' τροχαϊκὸν
   δίμετρον ὑπερκατάληκτον, τὸ ι' δίμετρον ἐκ παιώνων γ'
   δύο καὶ συλλαβῆς, τὸ ια' ἀναπαιστικὸν δίμετρον ὑπερκατά-
30 ληκτον, τὸ ιβ' τρίμετρον ἀκατάληκτον ἐκ χοριάμβου, προ-
   κελευσματικοῦ καὶ ἰωνικοῦ ἀπ' ἐλάσσονος, τὸ ιγ' ἰαμβικὸν

_____

1 1. ἰδαία μᾶτερ add.M | τὸ - σύστημα] τὸ σύστημα τόδε
M || 19 1. ἰαχᾶ δόμων add.M || 26 η' κῶλον P

τρίμετρον βραχυκατάληκτον, τὸ ιδ' ἀναπαιστικὸν δίμετρον
ἀκατάληκτον, τὸ ιζ' τρίμετρον ἀκατάληκτον ἐκ παίωνος δ',
ἀντισπάστου καὶ διιάμβου, τὸ ιη' τετράμετρον ὑπερκατά-
ληκτον ἐκ παίωνος δ', διιάμβου, διτροχαίου καὶ αὖθις παίω-
5 νος δ' καὶ συλλαβῆς, τὸ ιθ' τρίμετρον καταληκτικὸν ἐξ ἐ-
πιτρίτου α', διιάμβου καὶ μολοσσοῦ, τὸ κα' ἰαμβικὸν τε-
τράμετρον καταληκτικόν, τὸ κγ' τρίμετρον καταληκτικὸν ἐκ
διιάμβου, δισπονδείου καὶ μολοσσοῦ, τὸ κδ' τροχαϊκὸν τε-
τράμετρον καταληκτικόν, κοινῆς συλλαβῆς γινομένης ἐν τῶι
10 τ έ χ ν α ι ς εἰς τὴν χ ν α ι ς συλλαβήν, τὸ κε' ἰαμ-
βικὸν τρίμετρον βραχυκατάληκτον, τὸ κς' τροχαϊκὸν δίμε-
τρον ὑπερκατάληκτον, τὸ κζ' τρίμετρον ἀκατάληκτον ἐκ προ-
κελευσματικῶν τριῶν, τὸ κη' ἀναπαιστικὸν τρίμετρον ἀκα-
τάληκτον, τὸ κθ' δίμετρον ὑπερκατάληκτον ἐκ προκελευσ-
15 ματικοῦ, παίωνος γ' καὶ συλλαβῆς· εἶτα τοῦ χοροῦ τρία κῶ-
λα ἰαμβικὰ τρίμετρα ἀκατάληκτα καὶ ἐφεξῆς στίχοι τροχαϊ-
κοὶ τετράμετροι καταληκτικοὶ λα' ὧν τελευταῖος π α ρ θ έ-
ν ο ν τ ε κ α ὶ δ ά μ α ρ τ α δ ύ ο ν ε κ ρ ὼ
κ α τ ό ψ ε τ α ι (1536).
20 1537-1540. τῶν τριῶν κώλων τοῦ χοροῦ τούτου τὸ μὲν α'
ἰαμβικόν ἐστι δίμετρον βραχυκατάληκτον, τὸ β' τρίμετρον
ἀκατάληκτον ἐκ παιώνων τριῶν, δ' καὶ δύο β', τὸ γ' ὅμοιον
καταληκτικὸν ἐκ παίωνος δ', διιάμβου καὶ μολοσσοῦ, τὰ
δὲ τοῦ ἐφεξῆς ἡμιχορίου δύο κῶλα ἰαμβικά εἰσι τρίμετρα
25 ἀκατάληκτα.
1541-1681. τὸ σύστημα τοῦ ἡμιχορίου τοῦδε ἐκ κώλων ἐστὶν
η'· τὸ α' τρίμετρον ἀκατάληκτον ἐκ διιάμβων δύο καὶ ἐπι-
τρίτου α', τὸ β' ὅμοιον καταληκτικὸν ἐξ ἀντισπάστου, παί-
ωνος α' καὶ δακτύλου, τὸ γ' καὶ τὸ δ' ἰαμβικὰ τρίμετρα
30 ἀκατάληκτα, τὸ ε' τετράμετρον καταληκτικὸν ἐκ παίωνος δ',
ἐπιτρίτου γ', προκελευσματικοῦ καὶ ἀναπαίστου, τὸ ς' ὅμοι-
ον βραχυκατάληκτον ἐκ παίωνος γ' καὶ β', χοριάμβου καὶ
ἰάμβου, τὸ ζ' ὅμοιον καταληκτικὸν ἐκ προκελευσματικῶν

---

20 1. ἰὼ ἰὼ τύχα add.M || 26 1. ἴδε πρὸ δωμάτων add.M

τριῶν καὶ ἀμφιμάκρου, τὸ η' τρίμετρον καταληκτικὸν ἐκ
παίωνος δ', διιάμβου καὶ ἀμφιμάκρου· εἶτα τοῦ χοροῦ ε'
κῶλα τροχαϊκὰ τετράμετρα καταληκτικὰ καὶ ἐφεξῆς στίχοι
ἰαμβικοὶ τρίμετροι ἀκατάληκτοι ρκη' ὧν τελευταῖος μ ε -
5 ν έ λ α ε κ α ὶ σ ο ῖ ς λ ο ξ ί α θ ε σ π ί σ μ α -
σ ι ν (1681).

1682-1693. ἀναπαιστικὰ δίμετρα ἀκατάληκτα μέχρι τέλους
πλὴν τῶν τελευταίων τριῶν· τούτων γὰρ τὸ μὲν α' καταληκ-
τικόν ἐστι, τὸ δὲ β' τρίμετρον βραχυκατάληκτον, τὸ δὲ γ'
10 δίμετρον ὑπερκατάληκτον.

---

7 l. ἴτε νῦν καθ' ὁδόν add.M

SCHOLIA IN PHOENISSAS

1-102. ἡ εἴσβασις τοῦ δράματος περιέχει στίχους ἰαμβικοὺς τριμέτρους ἀκαταλήκτους ρβ' ὧν τελευταῖος ὁ ἴ ρ-
κ η ς τ ε ν ᾶ μ α π ο λ ε μ ί ω ν σ τ ρ α τ ε ῦ μ'
ὅ σ ο ν (102).
5 102. τέλος τῶν τριμέτρων ἰάμβων.
103-201. συστήματα ἀμοιβαῖα ὧν τὰ μὲν τοῦ παιδαγωγοῦ κῶλα ἰαμβικὰ τρίμετρά ἐστιν ἀκατάληκτα, τὰ δὲ τῆς Ἀντιγόνης ἰαμβικὰ καὶ συστηματικά. τὸ μὲν α' τετράμετρον καταληκτικὸν ἐκ παίωνος δ', προκελευσματικοῦ, ἐπιτρίτου γ'
10 καὶ δακτύλου, τὸ β' τρίμετρον ἀκατάληκτον, τὸ γ' τρίμετρον καταληκτικὸν ἐξ ἀντισπάστου, ἐπιτρίτου α' καὶ ἀναπαίστου, τὸ δ' τρίμετρον ἀκατάληκτον ἐκ παίωνος γ', παίωνος β' καὶ ἐπιτρίτου α', τὸ ε' τρίμετρον ὑπερκατάληκτον ἐκ χοριάμβου, ἐπιτρίτου δ', ἐπιτρίτου γ' καὶ συλλαβῆς, τὸ
15 ς' τετράμετρον ὑπερκατάληκτον ἐκ διιάμβου, παίωνος α', ἐπιτρίτου β', ἰωνικοῦ ἀπ' ἐλάσσονος καὶ συλλαβῆς, τὸ ζ' τετράμετρον ἀκατάληκτον ἐκ παίωνος β', χοριάμβου, παίωνος δ' καὶ ἐπιτρίτου γ', τὸ η' τετράμετρον βραχυκατάληκτον ἐξ ἐπιτρίτου γ', ἀντισπάστου, παίωνος δ' καὶ σπονδείου,
20 τὸ θ' τετράμετρον καταληκτικὸν ἐξ ἰωνικοῦ ἀπ' ἐλάσσονος, παίωνος β', διιάμβου καὶ ἀμφιβράχεος, τὸ ι' τρίμετρον ἀκατάληκτον ἐκ χοριάμβου, παίωνος γ' καὶ διτροχαίου, τὸ ια' ἀσυνάρτητον ἐκ τροχαϊκοῦ διμέτρου ἀκαταλήκτου καὶ ἀναπαιστικοῦ διμέτρου βραχυκαταλήκτου, τὸ ιβ' τρίμετρον
25 καταληκτικὸν ἐκ διτροχαίου, παίωνος γ' καὶ δακτύλου, τὸ ιγ' τρίμετρον ἀκατάληκτον ἐκ χοριάμβου, παίωνος γ' καὶ παίωνος β', τὸ ιδ' τετράμετρον βραχυκατάληκτον ἐκ χοριάμβου, δισπονδείου, παίωνος δ' καὶ ἰάμβου, τὸ ιε' ἰαμβικὸν

---

tit. περὶ μέτρων οἷς ἐχρήσατο εὐριπίδης ἐν φοινίσσαις M ||
1. 1. ὦ τὴν ἐν ἄστροις οὐρανοῦ τέμνων ὁδόν add.M || 5 om.
M || 6 1. ὄρεγε νῦν ὄρεγε add.M || 8 ἰαμβικὰ καὶ συστηματικὰ om.M || 10 δακτύλου] διιάμβου M || 20 θ' κῶλον τετράμετρόν ἐστι P || 28 ιε' κῶλον P

δίμετρον βραχυκατάληκτον, τὸ ις' τρίμετρον ἀκατάληκτον
ἐκ χοριάμβου, παίωνος γ' καὶ παίωνος β', τὸ ιζ' τρίμετρον
ὑπερκατάληκτον ἐκ παίωνος α', ἰωνικοῦ ἀπ' ἐλάσσονος, παί-
ωνος αὖθις α' καὶ συλλαβῆς, τὸ ιη' τετράμετρον βραχυκατά-
5 ληκτον ἐκ παιώνων γ', δ' καὶ αὖθις δ' καὶ σπονδείου, τὸ
ιθ' τρίμετρον ὑπερκατάληκτον ἐκ χοριάμβου, παίωνος β',
ἀντισπάστου καὶ συλλαβῆς, τὸ κ' δίμετρον βραχυκατάληκτον
ἐκ παίωνος δ' καὶ σπονδείου, τὸ κα' τετράμετρον βραχυκα-
τάληκτον ἐκ παίωνος γ', ἀντισπάστου, χοριάμβου καὶ ἰάμ-
10 βου, τὸ κβ' τρίμετρον ἀκατάληκτον ἐξ ἐπιτρίτου β', παί-
ωνος γ' καὶ παίωνος α', τὸ κγ' τρίμετρον καταληκτικὸν ἐκ
προκελευσματικῶν δύο καὶ ἰάμβου, τὸ κδ' τετράμετρον ἀκα-
τάληκτον ἐξ ἀντισπάστου, διτροχαίου, παίωνος β' καὶ προ-
κελευσματικοῦ, τὸ κε' τροχαϊκὸν τρίμετρον ὑπερκατάληκτον,
15 τὸ κς' τετράμετρον καταληκτικὸν ἐξ ἀντισπάστου, ἰωνικοῦ
ἀπὸ μείζονος, ἐπιτρίτου β' καὶ ἀναπαίστου, τὸ κζ' τετρά-
μετρον ὑπερκατάληκτον ἐκ χοριάμβου, ἰωνικοῦ ἀπὸ μείζονος,
παίωνος β', ἐπιτρίτου β' καὶ συλλαβῆς, τὸ κη' ὅμοιον βρα-
χυκατάληκτον ἐκ χοριάμβου, ἐπιτρίτου γ', χοριάμβου καὶ
20 τροχαίου, τὸ κθ' τρίμετρον ὑπερκατάληκτον ἐκ δύο ἰωνικῶν
ἀπὸ μείζονος, διιάμβου καὶ συλλαβῆς, τὸ λ' τρίμετρον ἀκα-
τάληκτον ἐκ παίωνος β', ἐπιτρίτου γ' καὶ παίωνος β', τὸ
λα' ὅμοιον ἐξ ἐπιτρίτου γ', διιάμβου καὶ παίωνος α', τὸ
λβ' ὅμοιον ὑπερκατάληκτον ἐκ παίωνος β', παίωνος δ', προ-
25 κελευσματικοῦ καὶ συλλαβῆς, τὸ λγ' ὅμοιον καταληκτικὸν
ἐξ ἐπιτρίτου δ', διτροχαίου καὶ δακτύλου, τὸ λδ' ὅμοιον
βραχυκατάληκτον ἐκ χοριάμβου, ἐπιτρίτου γ' καὶ τροχαίου,
τὸ λε' δίμετρον ὑπερκατάληκτον ἐξ ἐπιτρίτου δ', ἐπιτρί-
του γ' καὶ συλλαβῆς, τὸ λς' τρίμετρον βραχυκατάληκτον ἐξ
30 ἀντισπάστου, χοριάμβου καὶ ἰάμβου, τὸ λζ' ὅμοιον ἐκ παί-
ωνος δ', ἰωνικοῦ ἀπὸ μείζονος καὶ ἰάμβου, τὸ λη' δακτυ-
λικὸν τρίμετρον κατὰ μονοποδίαν, τὸ λθ' ὅμοιον, τὸ μ' τε-

---

15 κς' κῶλον P ‖ 20 τροχαίου] ἰάμβου M

τράμετρον βραχυκατάληκτον ἐκ χοριάμβου, διιάμβου, χοριάμ-
βου καὶ σπονδείου· τὰ δὲ λοιπὰ ἰαμβικὰ ὄντα τρίμετρα ἀ-
κατάληκτα τούτοις μεταξὺ μεμιγμένα τοῦ τε παιδαγωγοῦ καὶ
τινα καὶ τῆς ᾽Αντιγόνης λθ᾽ εἰσὶν ὁμοῦ πάντα οθ᾽.
5 202-260. τὸ τοῦ χοροῦ τοῦδε σύστημα ἐκ κώλων συνέστηκεν
μβ᾽· τὸ α᾽ τετράμετρον βραχυκατάληκτον ἐκ παιώνων<δ᾽>, γ᾽,
α᾽ καὶ πυρριχίου, τὸ β᾽ τρίμετρον ἀκατάληκτον ἐξ ἐπιτρί-
του β᾽, ἰωνικοῦ ἀπὸ μείζονος καὶ διοπονδείου, τὸ γ᾽ τρί-
μετρον καταληκτικὸν ἐξ ἐπιτρίτου γ᾽, παίωνος α᾽ καὶ πυρ-
10 ριχίου, τὸ δ᾽ ὅμοιον ἐκ παίωνος δ᾽, διτροχαίου καὶ βακχεί-
ου, τὸ ε᾽ δίμετρον ἀκατάληκτον ἐκ παιώνων δ᾽ καὶ γ᾽, τὸ
ς᾽ ἀναπαιστικὸν τρίμετρον βραχυκατάληκτον, τὸ ζ᾽ τρίμε-
τρον καταληκτικὸν ἐκ διοπονδείου, παίωνος γ᾽ καὶ ἀναπαίσ-
του, τὸ η᾽ τρίμετρον καταληκτικὸν ἐκ παίωνος γ᾽, διοπον-
15 δείου, παίωνος γ᾽ καὶ συλλαβῆς, τὸ θ᾽ τρίμετρον βραχυκατά-
ληκτον ἐξ ἐπιτρίτου γ᾽, παίωνος β᾽ καὶ ἰάμβου, τὸ ι᾽ τρί-
μετρον καταληκτικὸν ἐκ χοριάμβου, ἐπιτρίτου α᾽ καὶ δακτύ-
λου, τὸ ια᾽ τρίμετρον βραχυκατάληκτον ἐξ ἐπιτρίτου β᾽,
ἰωνικοῦ ἀπὸ μείζονος καὶ σπονδείου, τὸ ιβ᾽ ἀναπαιστικὸν
20 δίμετρον βραχυκατάληκτον, τὸ ιγ᾽ τρίμετρον ἀκατάληκτον
ἐκ παιώνων α᾽ καὶ γ᾽ καὶ ἐπιτρίτου δ᾽, τὸ ιδ᾽ δίμετρον
καταληκτικὸν ἐκ χοριάμβου καὶ δακτύλου, τὸ ιε᾽ δίμετρον
ἀκατάληκτον ἐκ παίωνος β᾽ καὶ ἐπιτρίτου β᾽, τὸ ις᾽ τετρά-
μετρον ὑπερκατάληκτον ἐξ ἰωνικοῦ ἀπὸ μείζονος, παιώνων δ᾽
25 δύο καὶ γ᾽ καὶ συλλαβῆς, τὸ ιζ᾽ ὅμοιον καταληκτικὸν ἐκ
παιώνων δ᾽, γ᾽, διοπονδείου καὶ χορείου, τὸ ιη᾽ δίμετρον
ὑπερκατάληκτον ἐξ ἐπιτρίτου α᾽ καὶ χοριάμβου καὶ συλλαβῆς,
τὸ ιθ᾽ ὅμοιον κατὰ πάντα, τὸ κ᾽ τρίμετρον βραχυκατάληκτον

2-4 τὰ δὲ - οθ᾽ om.P ‖ 5 1. ὦ τέκνον εἴσβα δῶμα (193)
add.M | τὸ δὲ P ‖ 6 μβ᾽ Smith μγ᾽ M[pc] quid habuerit M[ac]
non constat, fort.μβ᾽   om.P spatio relicto | suppl.
Smith sed de P non constat ‖ 16 ι᾽ κῶλον P ‖ 17-18 δακ-
τύλου] διιάμβου M ‖ 22 δακτύλου] διιάμβου M

ἐκ παίωνος δ', παρακελευσματικοῦ καὶ σπονδείου, τὸ κα'
δίμετρον ὑπερκατάληκτον ἐξ ἐπιτρίτου δ', ἰωνικοῦ ἀπ' ἐ-
λάσσονος καὶ συλλαβῆς, τὸ κβ' τρίμετρον ὑπερκατάληκτον
ἐκ διτροχαίου, ἐπιτρίτου α', χοριάμβου καὶ συλλαβῆς, τὸ
5 κγ' τρίμετρον ὑπερκατάληκτον ἐξ ἐπιτρίτων δ' καὶ β', παί-
ωνος δ' καὶ συλλαβῆς, τὸ κδ' τρίμετρον ἀκατάληκτον ἐκ δι-
ιάμβου, ἐπιτρίτου δ' καὶ αὖθις διιάμβου, τὸ κε' δίμετρον
ὑπερκατάληκτον ἐκ παίωνος δ', προκελευσματικοῦ καὶ συλλα-
βῆς, τὸ ϛ ὅμοιον ἐκ δισπονδείου, παίωνος γ' καὶ συλλαβῆς,
10 τὸ κϛ' τετράμετρον ὑπερκατάληκτον ἐκ διιάμβου, χοριάμβου,
παίωνος δ' καὶ γ' καὶ συλλαβῆς, τὸ κζ' δίμετρον ἀκατά-
ληκτον ἐκ δισπονδείου καὶ παίωνος γ', τὸ κη' σύνθετον ἐκ
διτροχαϊκῶν ἐφθημιμερῶν, τὸ κθ' ὅμοιον κατὰ πάντα, τὸ
λ' ὅμοιον ἐφθημιμερὲς ἤτοι δίμετρον καταληκτικόν, τὸ λα'
15 ὅμοιον τρίμετρον ἀκατάληκτον, τὸ λβ' δίμετρον ἐκ δύο σπον-
δείων, τὸ λγ' τροχαϊκὸν τρίμετρον ὑπερκατάληκτον τοῦ δ'
ποδὸς χορείου ὄντος, τὸ λδ' ἰαμβικὸν τρίμετρον ἀκατάληκ-
τον, τὸ λε' ἀναπαιστικὸν δίμετρον ἀκατάληκτον, τὸ λϛ'
ἰαμβικὸν τρίμετρον καταληκτικόν, τὸ λζ' τροχαϊκὸν τρί-
20 μετρον ὑπερκατάληκτον, τὸ λη' ὅμοιον δίμετρον ὑπερκατά-
ληκτον, τὸ λθ' ὅμοιον τρίμετρον βραχυκατάληκτον, τὸ μ'
δίμετρον ὑπερκατάληκτον ἐκ δισπονδείου, παίωνος α' καὶ
συλλαβῆς, τὸ μα' ἰωνικὸν δίμετρον ἀκατάληκτον, τὸ μβ'
ὅμοιον τρίμετρον ἀκατάληκτον.
25 261-290. στίχοι ἰαμβικοὶ τρίμετροι ἀκατάληκτοι λγ' ὧν τε-
λευταῖος κ α λ ε ῖ δ ὲ Π ο λ υ ν ε ί κ η ν μ ε Θ η-
β α ῖ ο ς λ ε ώ ς (290).

---

9 ϛ] κϛ' M | παίωνος γ'] χοριάμβου M || 10 κϛ'] κζ' M ||
11 κζ'] κη' M || 12 κη'] κθ' M || 13 κθ'] λ' M || 14 λ']
λα' M | λα'] λβ' M || 15 λβ'] λγ' M || 16 λγ'] λδ' M ||
17 λδ'] λε' M || 18 λε'] λϛ' M | λϛ'] λζ' M || 19 λζ']
λη' M || 20 λη'] λθ' M || 21 λθ'] μ' M | μ'] μα' M || 23
μα'] μβ' M | μβ'] μγ' M || 25 1. τὰ μὲν πυλωρῶν add.M ||

290. τέλος τῶν τριμέτρων ἰάμβων.

291-354. τὸ παρὸν σύστημα δύο πρόσωπα περιέχον τόν τε χορὸν καὶ τὴν Ἰοκάστην περιέχει μὲν καὶ ἐκ διαφόρων μέτρων κῶλα· εἰσὶ δὲ ἐν αὐτοῖς καὶ ἰαμβικὰ τρίμετρα ἀκατάληκτα
5 ζ', τὰ δὲ λοιπὰ ἃ καθ' ἓν ἀριθμοῦνται μη'. τὸ α' τρίμετρον καταληκτικὸν ἐκ παίωνος δ', δισπονδείου καὶ ἀμφιμάκρου, τὸ β' ἰαμβικὸν δίμετρον ὑπερκατάληκτον, τὸ γ' τρίμετρον καταληκτικὸν ἐκ διιάμβου, ἐπιτρίτου β' καὶ βακχείου, τὸ δ' ἰαμβικὸν τρίμετρον ἀκατάληκτον, τὸ ε' τρί-
10 μετρον βραχυκατάληκτον ἐκ διιάμβου, διτροχαίου καὶ τροχαίου, τὸ ϛ' τρίμετρον βραχυκατάληκτον ἐξ ἀντισπάστου, παίωνος α' καὶ τροχαίου, τὸ ζ' δίμετρον ὑπερκατάληκτον ἐκ διιάμβου, διτροχαίου καὶ συλλαβῆς, τὸ η' ἰαμβικὸν δίμετρον ἀκατάληκτον, τὸ θ' ὅμοιον ὑπερκατάληκτον, τὸ ι' τρο-
15 χαϊκὸν τετράμετρον βραχυκατάληκτον, τὸ ια' ὅμοιον τρίμετρον βραχυκατάληκτον, τὸ ιβ' ὅμοιον δίμετρον ὑπερκατάληκτον, τὸ ιγ' ἰαμβικὸν τρίμετρον ὑπερκατάληκτον, τὸ ιδ' τροχαϊκὸν τρίμετρον ἀκατάληκτον, τὸ ιε' ἰαμβικὸν τρίμετρον καταληκτικόν, τὸ ιϛ' ὅμοιον τρίμετρον βραχυκατάληκτον, τὸ
20 ιζ' τρίμετρον καταληκτικὸν ἐκ παίωνος δ', ἐπιτρίτου β' καὶ βακχείου, τὸ ιη' τρίμετρον ὑπερκατάληκτον ἐξ ἀντισπάστου, διτροχαίου, παίωνος γ' καὶ συλλαβῆς, τὸ ιθ' τρίμετρον καταληκτικὸν ἐξ ἀντισπάστου, παίωνος α' καὶ διιάμβου, τὸ κ' ὅμοιον ἐκ παίωνος δ', διιάμβου καὶ μολοσσοῦ, τὸ κα'
25 ὅμοιον ἐξ ἐπιτρίτου, β', διιάμβου καὶ μολοσσοῦ, τὸ κβ' τρίμετρον ἀκατάληκτον ἐκ παίωνος α', ἀντισπάστου καὶ παίωνος β', τὸ κγ' τρίμετρον ὑπερκατάληκτον ἐκ παίωνος δ' καὶ γ', ἐπιτρίτου δ' καὶ συλλαβῆς, τὸ κδ' τρίμετρον βραχυκατάληκτον ἐξ ἀντισπάστου, ἐπιτρίτου α' καὶ τροχαίου, τὸ κε' ὅμοιον ἐξ ἀντισπάστου, ἐπιτρίτου γ' καὶ πυρριχίου, τὸ

---

1 om.M ‖ 2 1. ὦ ξυγγένεια add.M ‖ 5 ζ' - μη'] καὶ οὐ σημειοῦνται ταῦτα δι' ἀριθμῶν, τὰ δὲ λοιπὰ σεσημείωνται καὶ ὅρα ταῦτα P | μη' M^{ac}? μζ' M^{pc} ‖ 5-6 α' κῶλον τρίμετρόν ἐστι P

κς' ἰαμβικὸν δίμετρον βραχυκατάληκτον, τὸ κζ' ἰαμβικὸν
τρίμετρον, τὸ κη' τρίμετρον ὑπερκατάληκτον ἐξ ἀντισπάστου,
ἐπιτρίτου β', διιάμβου καὶ συλλαβῆς, τὸ κθ' τρίμετρον κα-
ταληκτικὸν ἐκ παίωνος β', διτροχαίου καὶ ἀναπαίστου, τὸ
5 λ' τρίμετρον βραχυκατάληκτον ἐκ παίωνος γ', ἐπιτρίτου γ'
καὶ ἰάμβου, τὸ λα' ὅμοιον ἐκ διτροχαίου, ἐπιτρίτου γ' καὶ
ἰάμβου, τὸ λβ' τρίμετρον ἀκατάληκτον ἐκ προκελευσματικοῦ,
διτροχαίου καὶ ἐπιτρίτου γ', τὸ λγ' τρίμετρον βραχυκατά-
ληκτον ἐξ ἰωνικοῦ ἀπ' ἐλάσσονος, διιάμβου καὶ τροχαίου,
10 τὸ λδ' ὅμοιον ἐκ τροχαίων, τὸ λε' τροχαϊκὸν τρίμετρον
ὑπερκατάληκτον, τὸ λς' ἰαμβικὸν τρίμετρον ἀκατάληκτον, τὸ
λζ' τροχαϊκὸν τρίμετρον ὑπερκατάληκτον, τὸ λη' δίμετρον
καταληκτικὸν ἐκ διιάμβου καὶ ἀμφιμάκρου, τὸ λθ' τρίμετρον
καταληκτικὸν ἐκ ἀντισπάστου, ἰωνικοῦ ἀπὸ μείζονος καὶ ἀμ-
15 φιμάκρου, τὸ μ' τετράμετρον καταληκτικὸν ἐκ παίωνος α',
ἀντισπάστου, ἰωνικοῦ ἀπὸ μείζονος καὶ ἀναπαίστου, τὸ μα'
δίμετρον καταληκτικὸν ἐκ παίωνος α' καὶ ἀντισπάστου, τὸ
μβ' τρίμετρον βραχυκατάληκτον ἐξ ἐπιτρίτου α', χοριάμ-
βου καὶ ἰάμβου, τὸ μγ' δίμετρον ἀκατάληκτον ἐκ παίωνος δ'
20 καὶ ἰωνικοῦ ἀπὸ μείζονος, τὸ μδ' τρίμετρον βραχυκατάληκ-
τον ἐξ ἐπιτρίτου α' καὶ γ' καὶ σπονδείου, τὸ με' ἀναπαισ-
τικὸν δίμετρον ὑπερκατάληκτον, τὸ μς' τετράμετρον κατα-
ληκτικὸν ἐκ χοριάμβου, παίωνος β', χοριάμβου καὶ χορείου,
τὸ μζ' τρίμετρον ἀκατάληκτον ἐκ παιώνων γ' καὶ β' καὶ χο-
25 ριάμβου, τὸ μη' ὅμοιον ἐκ παιώνων δ' καὶ β' καὶ διιάμβου.
355-587. στίχοι ἰαμβικοὶ τρίμετροι ἀκατάληκτοι σλγ' ὧν τε-
λευταῖος καὶ ξύμβασίν τιν' Οἰδίπου
τέκνοις δότε (587).

1-2 ἰαμβικὸν - κη' om.M quam ob causam in reliqua parte
huius scholii omnes numeri falsi sunt quod non notatur ||
11 ἀκατάληκτον] ὑπερκατάληκτον M || 12 τρίμετρον ὑπερκατά-
ληκτον] ὅμοιον M || 15 τετράμετρον] τρίμετρον M | α'] δ'
P ? || 26 1. δεινὸν γυναῖξιν αἱ δι' ὠδίνων γοναί add.M

587. τέλος τῶν τριμέτρων ἰαμβικῶν.
588-637. στίχοι τροχαϊκοὶ τετράμετροι καταληκτικοὶ ν΄, ὧν τελευταῖος ἔ θ ε τ ό σ ο ι θ ε ί α ι π ρ ο ν ο ί α ι ν ε ι κ έ ω ν ἐ π ώ ν υ μ ο ν (637).
638-689. τὸ τοῦ χοροῦ τοῦδε σύστημα ἐκ κώλων ἐστὶ λθ΄· τὸ α΄ δίμετρον ἀκατάληκτον ἐκ παίωνος α΄ καὶ διιάμβου, τὸ β΄ τρίμετρον βραχυκατάληκτον ἐκ τῶν αὐτῶν ποδῶν καὶ τροχαίου, τὸ γ΄ δίμετρον καταληκτικὸν ἐξ ἰωνικοῦ ἀπ' ἐλάσσονος καὶ ἀμφιβράχεος, τὸ δ΄ ἰαμβικὸν δίμετρον ὑπερκατάληκτον, τὸ ε΄ τροχαϊκὸν δίμετρον καταληκτικόν, τὸ ς΄ δίμετρον ἀκατάληκτον ἐκ παιώνων δ΄ καὶ β΄, τὸ ζ΄ δίμετρον ὑπερκατάληκτον ἐκ προκελευσματικοῦ, διιάμβου καὶ συλλαβῆς, τὸ η΄ τρίμετρον καταληκτικὸν ἐκ παίωνος α΄, προκελευσματικοῦ καὶ χορείου, τὸ θ΄ τροχαϊκὸν τρίμετρον ὑπερκατάληκτον, τὸ ι΄ δίμετρον καταληκτικὸν ἐκ διτροχαίου καὶ μολοσσοῦ, τὸ ια΄ δίμετρον ἀκατάληκτον ἐκ παίωνος δ΄ καὶ προκελευσματικοῦ, τὸ ιβ΄ ἰαμβικὸν δίμετρον καταληκτικόν, τὸ ιγ΄ τροχαϊκὸν ἐφθημιμερές, τὸ ιδ΄ δίμετρον ὑπερκατάληκτον ἐκ παιώνων β΄ καὶ δ΄ καὶ συλλαβῆς, τὸ ιε΄ ἰαμβικὸν δίμετρον ἀκατάληκτον, τὸ ις΄ ἰαμβικὸν τρίμετρον ἀκατάληκτον, τὸ ιζ΄ τροχαϊκὸν τετράμετρον βραχυκατάληκτον, τὸ ιη΄ ἀσυνάρτητον ἐκ τροχαϊκοῦ ἐφθημιμεροῦς καὶ ἰαμβικοῦ διμέτρου βραχυκαταλήκτου, τὸ ιθ΄ ὅμοιον, τὸ κ΄ ὅμοιον τοῦ τροχαϊκοῦ πενθημιμεροῦς ὄντος, τὸ κα΄ τρίμετρον ἀκατάληκτον ἐκ διιάμβου, παίωνος δ΄ καὶ αὖθις διιάμβου, τὸ κβ΄ ἀσυνάρτητον ἐκ τροχαϊκοῦ καὶ ἀναπαιστικοῦ ἐφθημιμεροῦς, τὸ κγ΄ ὅμοιον ἐκ τροχαϊκοῦ ἐφθημιμεροῦς καὶ ἰαμβικοῦ ὁμοίου, τὸ κδ΄ ἰαμβικὸν τετράμετρον ἀκατάληκτον, τὸ κε΄ τροχαϊκὸν τετράμετρον βραχυκατάληκτον, τὸ κς΄ ἰαμβικὸν τρίμετρον βραχυκατάληκτον, τὸ κζ΄ ἰαμβικὸν τρίμετρον ἀκατάληκτον, τὸ κη΄ ὅμοιον τῶι κε΄,

---

1 om.M ‖ 2 1. μῆτερ οὐ λόγων ἔτ' ἀγὼν ἀλλ' ἀνάλωται χρόνος add.M ‖ 5 1. κάδμος ἔμολε τάνδε γᾶν add.M ‖ 14 ι΄ κῶλον καταληκτικὸν ἐστι P ‖ 19 καταληκτικὸν P ‖ 26-27 ἐκ - ὁμοίου imo mg. add.P ‖

τὸ κθ' τροχαϊκὸν ἐφθημιμερές, τὸ λ' ὅμοιον, τὸ λα' ἰαμ-
βικὸν τρίμετρον ἀκατάληκτον, τὸ λβ' τρίμετρον ἀκατάληκτον
ἐκ προκελευσματικοῦ, παίωνος δ' καὶ διιάμβου, τὸ λγ' δί-
μετρον ὑπερκατάληκτον ἐξ ἀντισπάστου καὶ ἐπιτρίτου β' καὶ
5 συλλαβῆς, τὸ λδ' ἀσυνάρτητον ἐκ τροχαϊκοῦ καὶ ἰαμβικοῦ
διμέτρων βραχυκαταλήκτων, τὸ λε' σύνθετον ἐκ δύο τροχαϊ-
κῶν ἐφθημιμερῶν, τὸ λς' ἰαμβικὸν δίμετρον ὑπερκατάληκτον,
τὸ λζ' ἰαμβικὸν δίμετρον βραχυκατάληκτον, τὸ λη' τροχαϊ-
κὸν τρίμετρον καταληκτικόν, τὸ λθ' ἰαμβικὸν τρίμετρον ἀ-
10 κατάληκτον.

690-783. στίχοι ἰαμβικοὶ τρίμετροι ἀκατάληκτοι ϛδ' ὧν τε-
λευταῖος π ρ ο σ ε υ ξ ό μ ε σ θ α   τ ή ν δ ε   δ ι α -
σ ῶ σ α ι   π ό λ ι ν (783).

784-833. τὸ σύστημα τοῦδε τοῦ χοροῦ ἐκ κώλων συνέστηκεν
15 μη' ὧν τὸ α', τὸ ι', τὸ κ', τὸ κε', τὸ κη', τὸ λα', τὸ
μγ', τὸ μδ' δακτυλικὰ τετράμετρα κατὰ μονοποδίαν ἀκατά-
ληκτα, τοῦ κε' ἐν τῶι ἐσχάτωι ποδὶ πεπονθότος συνίζησιν·
τὸ ᾄ ϊ δ α ς γὰρ ἀντὶ σπονδείου λαμβάνεται· τὸ β', γ', ϛ',
ζ', η', θ', ια', ιβ', ιγ', ιδ', ιζ', ιη', ιθ', κα', κβ',
20 κδ', κς', κζ', λθ' ὅμοια ἑξάμετρα ἀκατάληκτα, ἐν μέντοι
τῶι θ' ὁ ε' πούς τὸ   μ ω ν ύ χ ω ν   τὸ   χ ω ν   ἀντὶ βρα-
χείας συλλαβῆς εἴληπται, καὶ ἐν τῶι ιβ' ὁ ϛ' πούς τὸ δ π-
λ ι ο ν   δάκτυλός ἐστιν ὡσαύτως καὶ ἐν τῶι ιδ' τὸ π ή-
μ α τ α   καὶ ἐν τῶι ιζ' τὸ μ ή π ο τ ε καὶ ἐν τῶι κζ'
25 τ ὸ   κ α ὶ   π ό λ ι ν. τὸ δ', τὸ ε', τὸ ιε', τὸ ις', τὸ
κγ', τὸ λζ', τὸ λη' ὅμοια πεντάμετρα, τὸ κθ', τὸ λ', τὸ
με' ὅμοια τρίμετρα ὑπερκατάληκτα, τὸ λβ' δίμετρον ἀκατά-

---

11 l. χώρει σὺ καὶ κόμιζε τὸν μενοικέως add.M || 14 l. ὦ
πολυμόχθος add.M || 14-p.33,7   τὸ σύστημα τοῦ παρόντος
χοροῦ ἐκ κώλων συνέστηκεν μη'· εἰσὶ δὲ ταῦτα τὰ κῶλα δακ-
τυλικὰ τετράμετρα πεντάμετρά τε καὶ ἑξάμετρα κατὰ μονο-
ποδίαν· καὶ πρὸς τούτοις κῶλα ἀναπαιστικὰ μεμιγμένα δί-
μετρά τε καὶ τρίμετρα κατὰ διποδίαν καταληκτικά τε καὶ
ἀκατάληκτα. τὸ μέντοι λβ' δίμετρόν ἐστι ἀκατάληκτον ἐκ
παιώνων δ' καὶ α' P ||

ληκτον ἐκ παιώνων δ' καὶ α', τὸ λγ' ἀναπαιστικὸν τρίμε-
τρον βραχυκατάληκτον, τὸ λδ', τὸ μ', τὸ μα', τὸ μβ' ὅ-
μοια δίμετρα ἀκατάληκτα, τὸ λε' ὅμοιον δίμετρον ὑπερκατά-
ληκτον, τὸ λς' ὅμοιον τρίμετρον καταληκτικόν, τὸ μς' ὅ-
5 μοιον δίμετρον βραχυκατάληκτον, τὸ μζ', τὸ μη' ὅμοια δί-
μετρα καταληκτικά. ἰστέον δὲ ὅτι πάντα τὰ ἀναπαιστικὰ κα-
τὰ διποδίαν μετρεῖται.
834-1018. στίχοι ἰαμβικοὶ τρίμετροι ἀκατάληκτοι ρπε' ὧν
τελευταῖος π ε ι ρ ώ μ ε ν α ι τ ὸ λ ο ι π ὸ ν ε ὐ -
10 τ υ χ ο ῖ ε ν ἂ ν (1018).
1019-1066. τὸ σύστημα τοῦδε τοῦ χοροῦ κώλων ἐστὶ λα'· τὸ
α' τρίμετρον ὑπερκατάληκτον ἐκ διιάμβου, χοριάμβου, δι-
ιάμβου αὖθις καὶ συλλαβῆς, τὸ β' ὅμοιον ἀκατάληκτον ἐκ
διτροχαίου, δισπονδείου καὶ ἐπιτρίτου γ', τὸ γ' τετρά-
15 μετρον ἀκατάληκτον ἐκ διιάμβου, ἰωνικοῦ ἀπ' ἐλάσσονος,
διτροχαίου καὶ ἰωνικοῦ ἀπὸ μείζονος, τὸ δ' τετράμετρον
βραχυκατάληκτον ἐξ ἐπιτρίτου α' καὶ β', διτροχαίου καὶ
ἰάμβου, τὸ ε' ὅμοιον ἐκ δισπονδείου, διιάμβων δύο καὶ
ἰάμβου, τὸ ς' ὅμοιον ἐκ παίωνος δ', διιάμβου, παίωνος γ'
20 καὶ τροχαίου, τὸ ζ' δίμετρον ὑπερκατάληκτον ἐκ προκελευσ-
ματικῶν δύο καὶ συλλαβῆς, τὸ η' ὅμοιον κατὰ πάντα, τὸ θ'
τετράμετρον βραχυκατάληκτον ἐξ ἐπιτρίτου β', διιάμβου,
παίωνος α' καὶ τροχαίου, τὸ ι' τετράμετρον βραχυκατάληκ-
τον ἐκ διτροχαίου, παίωνος γ', ἐπιτρίτου β' καὶ τροχαίου,
25 τὸ ια' ὅμοιον ἐξ ἐπιτρίτου γ', διιάμβων δύο καὶ πυρριχί-
ου, τὸ ιβ' δίμετρον ὑπερκατάληκτον ἐκ διτροχαίου, διιάμ-
βου καὶ συλλαβῆς, τὸ Θ ὅμοιον ἀκατάληκτον ἐκ παίωνος δ'

3-4 post λε', λς' μς' add. ὅμοιον in mg.M ‖ 5 post μη'
add. ὅμοια in mg.M ‖ 8 l. ἠγοῦ πάροιθε θυγάτερ ὡς τυφλῷ
ποδί add.M | ρπε' om.P spatio relicto | 9 ὁ τελευταῖος
P ‖ 11 l. ἔβας ἔβας ὦ πτερόεσσα γᾶς λόχευμα add.M | τοῦ
χοροῦ τοῦδε P | λα' M^{ac} ? λβ' M^{pc} ‖ 23 ι' κῶλον τετράμε-
τρόν ἐστι P ‖ Θ] ιγ' M

καὶ διιάμβου, τὸ ιγ' τρίμετρον ὑπερκατάληκτον ἐξ ἐπιτρί-
του δ', παίωνος α', ἐπιτρίτου γ' καὶ συλλαβῆς, τὸ ιδ'
τρίμετρον καταληκτικὸν ἐκ προκελευσματικοῦ, παίωνος β'
καὶ ἀμφιβράχεος, τὸ ιε' τροχαϊκὸν τρίμετρον βραχυκατάληκ-
5 τον, τὸ ις' ἰαμβικὸν τρίμετρον καταληκτικόν, τὸ ιζ' τρίμετρον
καταληκτικὸν ἐκ διτροχαίου, δισπονδείου καὶ παλιμβακχείου,
τὸ ιη' τροχαϊκὸν δίμετρον καταληκτικόν, τὸ ιθ' τρίμετρον
βραχυκατάληκτον ἐκ χοριάμβου, διτροχαίου καὶ ἰάμβου, τὸ
κ' τρίμετρον ἀκατάληκτον ἐκ διτροχαίου, ἐπιτρίτου δ' καὶ
10 β', τὸ κα' τρίμετρον ὑπερκατάληκτον ἐξ ἀντισπάστου, δι-
ιάμβων δύο καὶ συλλαβῆς, τὸ κβ' τετράμετρον βραχυκατάληκ-
τον ἐξ ἰωνικοῦ ἀπ' ἐλάσσονος, παίωνος β' καὶ γ' καὶ τρο-
χαίου, τὸ κγ' τρίμετρον ὑπερκατάληκτον ἐκ προκελευσματι-
κῶν, τὸ κδ' τετράμετρον καταληκτικὸν ἐκ προκελευσματικοῦ,
15 παίωνος γ', ἐπιτρίτου γ' καὶ βακχείου, τὸ κε' καὶ τὸ κς'
ἰαμβικὰ δίμετρα ἀκατάληκτα, τὸ κζ' τετράμετρον βραχυκατά-
ληκτον ἐκ διτροχαίου, ἐπιτρίτου γ', διιάμβου καὶ ἰάμβου,
τὸ κη' ἀσυνάρτητον ἐξ ἰαμβικοῦ διμέτρου ἀκαταλήκτου καὶ
τροχαϊκοῦ διμέτρου βραχυκαταλήκτου, τὸ κθ' τρίμετρον ὑπερ-
20 κατάληκτον ἐκ παίωνος α', διιάμβων β' καὶ συλλαβῆς, τὸ λ'
τετράμετρον καταληκτικὸν ἐκ διιάμβου, ἐπιτρίτου γ', προ-
κελευσματικοῦ καὶ δακτύλου, τὸ λα' τρίμετρον ὑπερκατά-
ληκτον ἐξ ἐπιτρίτου β', διιάμβου, παίωνος β' καὶ συλλαβῆς.
1067-1282. στίχοι ἰαμβικοὶ τρίμετροι ἀκατάληκτοι σις' ὧν

---

1 ιγ'] ιδ' M ‖ 2 ιδ'] ιε' M ‖ 4 ιε'] ις' M ‖ 5 ις']
ιζ' M | ιζ'] ιη' M ‖ 7 ιη'] ιθ' M | ιθ'] κ' M ‖ 9 κ']
κα' M ‖ 10 κα'] κβ' M ‖ 11 κβ'] κγ' M ‖ 13 κγ'] κδ' M ‖
14 κδ'] κε' M ‖ 15 κε'] κς' M | κς'] κζ' M ‖ 16 κζ']
κη' M ‖ 18 κη'] κθ' M | ἰαμβικὸν P ‖ 19 κθ'] λ' M ‖ 20
λ'] λα' M ‖ 22 λα'] λβ' M ‖ 24 1. ᾠὴ τίς ἐν πύλαις δω-
μάτων κυρεῖ add.M

τελευταῖος θ α ν ο ῦ σ ι δ' α ὐ τ ο ῖ ς σ υ ν θ α -
ν ο ῦ σ α κ ε ί σ ο μ α ι (1282).
1283-1309. τὸ σύστημα τοῦδε τοῦ χοροῦ ἐκ κώλων ἐστὶ κβ'·
τὸ α' τρίμετρον ὑπερκατάληκτον ἐξ ἰωνικοῦ ἀπὸ μείζονος,
5 παιώνων α' καὶ β' καὶ συλλαβῆς, τὸ β' τρίμετρον καταληκ-
τικὸν ἐξ ἰωνικοῦ ἀπὸ μείζονος, χοριάμβου καὶ χορείου, τὸ
γ' ὅμοιον ἐκ προκελευσματικοῦ, ἰωνικοῦ ἀπ' ἐλάσσονος καὶ
μολοσσοῦ, τὸ δ' τρίμετρον καταληκτικὸν ἐκ δύο προκελευσ-
ματικῶν καὶ χορείου, τὸ ε' δίμετρον βραχυκατάληκτον ἐκ
10 παίωνος δ' καὶ σπονδείου, τὸ ς' μονόμετρον ὑπερκατάληκ-
τον ἐξ ἀντισπάστου καὶ συλλαβῆς, τὸ ζ' δίμετρον βραχυκα-
τάληκτον ἐξ ἀντισπάστου καὶ σπονδείου, τὸ η' ὅμοιον ἐκ
παίωνος δ' καὶ ἰάμβου, τὸ θ' ὅμοιον ἐκ παίωνος δ' καὶ
σπονδείου, τὸ ι' ἰαμβικὸν δίμετρον ἀκατάληκτον, τὸ ια'
15 ὅμοιον καταληκτικόν, τὸ ιβ' τετράμετρον ἀκατάληκτον ἐκ
τριῶν προκελευσματικῶν καὶ ἰωνικοῦ ἀπ' ἐλάσσονος, τὸ ιγ'
τετράμετρον βραχυκατάληκτον ἐκ δισπονδείου, ἰωνικοῦ ἀπ'
ἐλάσσονος, χοριάμβου καὶ σπονδείου, τὸ ιδ' τρίμετρον ἀκα-
τάληκτον ἐκ παίωνος γ', ἀντισπάστου καὶ παίωνος β', τὸ
20 ιε' τετράμετρον βραχυκατάληκτον ἐκ διτροχαίου, παίωνος
γ', ἀντισπάστου καὶ πυρριχίου, τὸ ις' τρίμετρον βραχυκα-
τάληκτον ἐκ προκελευσματικοῦ, διιάμβου καὶ ἰάμβου, τὸ ιζ'
τετράμετρον καταληκτικὸν ἐξ ἀντισπάστου, χοριάμβου, ἀν-
τισπάστου καὶ ἀναπαίστου, τὸ ιη' τρίμετρον ἀκατάληκτον
25 ἐξ ἀντισπάστου, ἐπιτρίτου α' καὶ διιάμβου, τὸ ιθ' ἰαμβι-
κὸν τρίμετρον καταληκτικόν, τὸ κ' ὅμοιον ἀκατάληκτον, τὸ
κα' καὶ τὸ κβ' τροχαϊκὰ τετράμετρα καταληκτικά.
1310-1334. στίχοι ἰαμβικοὶ τρίμετροι ἀκατάληκτοι κε' ὧν
τελευταῖος σ τ ε ί χ ο ν τ ο ς ὃ ς π ᾶ ν ἀ γ γ ε λ ε ῖ
30 τ ὸ δ ρ ώ μ ε ν ο.ν (1334).

---

3 1. αἲ αἲ τρομερὰν φρένα add.M | κβ' om.P spatio relic-
to ‖ 4 α' κῶλον P ‖ 28 1. οἴμοι τί δράσω πότερ' ἐμαυτὸν
ἢ πόλιν add.M

1334. τέλος τῶν τριμέτρων ἰάμβων.
1335-1339. στίχοι τροχαϊκοὶ τετράμετροι καταληκτικοὶ ε'.
1340-1479. στίχοι ἰαμβικοὶ τρίμετροι ἀκατάληκτοι ρλς'
πλὴν τριῶν τοῦ ε', τοῦ ι' καὶ ια', ὧν τελευταῖος τῆ ι δ'
5 ἐ ξ έ β η σ α ν ο ἵ δ ε δ υ σ τ υ χ έ σ τ α τ ο ι (1479).
1345. τρίμετρον καταληκτικὸν ἐξ ἐπιτρίτου δ', χοριάμβου
καὶ ἀναπαίστου.
1350. τρίμετρον καταληκτικὸν ἐκ προκελευσματικῶν δύο καὶ
δακτύλου.
10 1351. τροχαϊκὸν τρίμετρον καταληκτικόν.
1479. τέλος τῶν τριμέτρων ἰάμβων.
1480-1484. ὁ παρὼν χορὸς συνίσταται ἐκ κώλων ε'· εἰσὶ δὲ
ταῦτα ἀναπαιστικὰ δίμετρα ἀκατάληκτα, τὸ μέντοι τελευταῖ-
ον καταληκτικόν ἐστιν.
15 1485-1582. τὸ ἀμοιβαῖον τόδε σύστημα ἀπὸ τοῦ προσώπου τῆς
Ἀντιγόνης ἀρχόμενον καὶ λῆγον ἄχρι τοῦ χοροῦ κώλων ἐσ-
τὶν οα'· εἰσὶ δὲ καὶ ταῦτα ἀναπαιστικὰ δίμετρα καὶ τρίμε-
τρα καὶ τετράμετρα καὶ τούτων τὰ μὲν καταληκτικά, τὰ δὲ
ἀκατάληκτα, τὰ δὲ ὑπερκατάληκτα καὶ ἔτι βραχυκατάληκτα·
20 εἰ δὲ καὶ καθόλου δακτυλικοὶ στίχοι εὑρίσκονται διὰ μέ-
σου ἢ ἀμιγεῖς ἢ καὶ σπονδείοις μεμιγμένοι, ἀλλ' ὡς ἀνα-
παιστικοὶ καὶ οὗτοι καταλογίζονται· ἰσόχρονοι γάρ εἰσιν
οἱ πόδες οὗτοι τοῖς ἀναπαίστοις.

---

1 om.M ‖ 2 1. ὦ τάλας ἐγώ add.M ‖ 3 1. αἶ αἶ μεγάλα θροε-
ῖς πάθεά μοι καὶ πόλει add.M ‖ 4 post ια' add. τούτων δὲ
ὁ μὲν ε' τρίμετρός ἐστιν καταληκτικὸς ἐξ ἐπιτρίτου δ',
χοριάμβου καὶ ἀναπαίστου, ὁ δὲ ι' ὅμοιος ἐκ προκελευσμα-
τικῶν β' καὶ διιάμβου, ὁ δὲ ια' τροχαϊκὸς τρίμετρος κατα-
ληκτικός Μ | ὧν τελευταῖος] τελευταῖος δὲ Μ ‖ 6-7 om.M ‖
8-9 om.M ‖ 10 om.M ‖ 11 om.M ‖ 12 1. οὐκ εἰς ἀκοὰς add.
Μ ‖ 15 1. οὐ προκαλύπτομαι add.M | τὸ - ἀπο] τὸ δὲ
ἐφεξῆς ἀμοιβαῖον σύστημα τὸ ἀπὸ P ‖ 16 κώλων μὲν P ‖ 23
ἀναπαιστικοῖς Μ

1583-1709. στίχοι ἰαμβικοὶ τρίμετροι ἀκατάληκτοι ρκη᾽ ὧν τελευταῖος ἐ π ε ὶ π ρ ο θ υ μ ῆ ι τ ῆ σ δ ε κ ο ι - ν ο ῦ σ θ α ι φ υ γ ῆ ς (1709).
1709. τέλος τῶν τριμέτρων ἰάμβων.
5 1710-1763. σύστημα ἀμοιβαῖον ἐκ κώλων μα᾽· τὸ α᾽ ἰαμβικὸν τρίμετρον ἀκατάληκτον, τὸ β᾽ ὅμοιον βραχυκατάληκτον, τὸ γ᾽ ὅμοιον δίμετρον ὑπερκατάληκτον, τὸ δ᾽ ὅμοιον ἀκατάληκτον, τὸ ε᾽ ὅμοιον τρίμετρον βραχυκατάληκτον, τὸ ς᾽ τρίμετρον ὑπερκατάληκτον ἐκ παιώνων γ᾽, β᾽, διιάμβου καὶ
10 συλλαβῆς, τὸ ζ᾽ τροχαϊκὸν τρίμετρον βραχυκατάληκτον, τὸ γ᾽ τρίμετρον βραχυκατάληκτον ἐκ παίωνος δ᾽, ἀντισπάστου καὶ τροχαίου, τὸ θ᾽ τροχαϊκὸν δίμετρον καταληκτικὸν ἤγουν ἐφθημιμερές, τὸ ι᾽ ὅμοιον, τὸ ια᾽ τρίμετρον βραχυκατάληκτον ἐκ διτροχαίου, παίωνος δ᾽ καὶ πυρριχίου, τὸ ιβ᾽ τρο-
15 χαϊκὸν δίμετρον ἀκατάληκτον, τὸ ιγ᾽ ὅμοιον τρίμετρον καταληκτικόν, τὸ ιδ᾽ δίμετρον ὑπερκατάληκτον ἐξ ἐπιτρίτου α᾽, ἀντισπάστου καὶ συλλαβῆς, τὸ ιε᾽ τρίμετρον βραχυκατάληκτον ἐκ διιάμβου, χοριάμβου καὶ ἰάμβου, τὸ ις᾽ τρίμετρον καταληκτικὸν ἐκ διιάμβου, διτροχαίου καὶ ἀμφιμάκρου, τὸ
20 ιζ᾽ τροχαϊκὸν τρίμετρον βραχυκατάληκτον, τὸ ιη᾽ δίμετρον ἀκατάληκτον ἐκ διιάμβου καὶ προκελευσματικοῦ, τὸ ιθ᾽ τρίμετρον βραχυκατάληκτον ἐκ διτροχαίου, χοριάμβου καὶ ἰάμβου, τὸ κ᾽ τρίμετρον ὑπερκατάληκτον ἐκ διτροχαίου, ἐπιτρίτου δ᾽, παίωνος δ᾽ καὶ συλλαβῆς, τὸ κα᾽ δίμετρον ὑπερ-
25 κατάληκτον ἐκ παίωνος α᾽, διιάμβου καὶ συλλαβῆς, τὸ κβ᾽ τρίμετρον ἀκατάληκτον ἐκ προκελευσματικοῦ, παίωνος γ᾽ καὶ ἐπιτρίτου β᾽, τὸ κγ᾽ καὶ τὸ κδ᾽ ὅμοια ἐκ μόνων προκελευσματικῶν, τὸ κε᾽ τροχαϊκὸν τρίμετρον ὑπερκατάληκτον, τὸ κς᾽ ὅμοιον τετράμετρον καταληκτικόν, τὸ κζ᾽ ὅμοιον τῶι
30 κε᾽, τὸ κη᾽ ὅμοιον δίμετρον καταληκτικόν· τὰ ἐφεξῆς δ᾽

---

1 1. πολλῶν κακῶν ὑπῆιξεν οἰδίπου δόμοις add.M ‖ 1-3 om. P ‖ 4 om.M ‖ 5 1. ἴθ᾽ εἰς φυγήν | μα᾽ om.P spatio relicto ‖ 5-6 α᾽ κῶλον τρίμετρόν ἐστιν P ‖ 25-26 κβ᾽ κῶλον τρίμετρόν ἐστι P

Phoenissae 1710-1766

ἤγουν τὸ κθ', τὸ λ', τὸ λα' καὶ τὸ λβ' ἰαμβικὰ τρίμετρα
ἀκατάληκτα, τὸ λγ' ὅμοιον δίμετρον ὑπερκατάληκτον· τὰ
ἐφεξῆς δ' ἤγουν τὸ λδ', τὸ λε', τὸ λς' καὶ τὸ λζ' ὅμοια
δίμετρα ἀκατάληκτα, τὸ λη' σύνθετον ἐκ δύο τοιούτων διμέ-
5 τρων, τὸ λθ' τρίμετρον ὑπερκατάληκτον ἐκ δισπονδείου,
διτροχαίου, παίωνος β' καὶ συλλαβῆς, τὸ μ' τετράμετρον
καταληκτικὸν ἐκ παιώνων γ' καὶ β', προκελευσματικοῦ καὶ
χορείου, τὸ μα' ὅμοιον ἀκατάληκτον ἐκ παίωνος δ', προ-
κελευσματικοῦ, διιάμβου καὶ ἀντισπάστου· τὰ ἐφεξῆς τοῦ
10 Οἰδίποδος τροχαϊκά εἰσι τρίμετρα καταληκτικά.

1764-1766. τὸ ἐπῳδικὸν τοῦτο σύστημα τοῦ χοροῦ ἐκ κώλων
ἀναπαιστικῶν ἐστι β'· τὸ α' τρίμετρον βραχυκατάληκτον,
τὸ β' δίμετρον ὑπερκατάληκτον. ἔστι δὲ τοῦτο παράβασις
ὡς ἐκ τοῦ ποιητικοῦ προσώπου εὐχομένου νικῆσαι ἐπὶ τῶι
15 δράματι ὅπερ καὶ ἐν τῶι τέλει τοῦ β' πεποίηκε δράματος.

---

1. καὶ om.M ‖ 11 1. ὦ μέγα σέμνα add.M

APPENDIX

In the present appendix I have printed the text and
colometry from P. I have made no attempt to interfere
with P's spelling or accentuation; the primary object
of this appendix is to enable the reader to follow
the analysis given in the scholia. I have also printed
the numbers accompanying each colon; in the passage
Phoen. 784-833, however, no numbers are found in P
so I have added the numbers included in parentheses.
The M analysis of this passage, which I regard as the
original one, shows that the common exemplar of P and
M had numbers added here.

HECUBA

154-215

α' οἲ ἐγὼ μελέα τί ποτ' ἀπύσω
β' ποίαν ἀχὼ ποῖον ὀδυρμὸν
γ' δειλαία δειλαίου γήρως
δ' δουλείας τᾶς οὐ τλατᾶς τᾶς οὐ φερτᾶς
ε' ὤμοι μοι τίς ἀμύνη μοι
ς' ποία γέννα ποία δὲ πόλις
ζ' φροῦδος πρέσβυς φροῦδος παῖδες
η' ποίαν ἢ ταύταν ἢ κείναν
θ' στείχω ποῖ δ' ἥσω τις θεῶν
ι' ἢ δαιμόνων ἔστ' ἀρωγός
ια' ὦ κάκ' ἐνεγκοῦσαι τρωάδες
ιβ' ὦ κάκ' ἐνεγκοῦσαι πήματα
ιγ' ἀπωλέσατ' ὠλέσατ' οὐκέτι μοι
ιδ' βίος ἀγαστὸς ἐν φάει
ιε' ὦ τλάμων ἄγησαί μοι πούς
ις' ἄγησαί τᾷ γραία πρὸς τάνδ' αὐλάν
ιζ' ὦ τέκνον ὦ παῖ δυστανοτάτας ματρός
ιη' ἔξελθ' ἔξελθ' οἴκων ἄϊε ματέρος
ιθ' αὐδὰν ὦ τέκνον ὡς ἴδῃς οἴαν
κ' οἴαν ἀΐω φάμαν περὶ σᾶς ψυχᾶς
κα' ἰὼ μᾶτερ μᾶτερ τί βοᾶς τί νέον
κβ' κηρύξασ' οἴκων μ' ὥστ' ὄρνιν
κγ' θάμβει τῶδ' ἐξέπταξας
κδ' ἰώ μοι μοι τέκνον
κε' τί με δυσφημεῖς φροίμιά μοι κακά
κς' αἶ αἶ σᾶς ψυχᾶς
κζ' ἔξαυδα μὴ κρύψῃς δηρόν
κη' δειμαίνω δειμαίνω μᾶτερ
κθ' τί ποτ' ἀναστένεις

λ'   ὦ τέκνον τέκνον μελέας ματρός
λα'   τί τόδ' ἀγγέλλεις
λβ'   σφάξαι σ' ἀργείων κοινὰ συντείνει
λγ'   πρὸς τύμβον γνώμα πηλείδα γέννα
λδ'   οἴμοι μᾶτερ πῶς φθέγγῃ
λε'   ἀμέγαρτα κακῶν
λϛ'   μάνυσόν μοι μάνυσόν μοι μᾶτερ
λζ'   αὐδῶ παῖ δυσφήμους φάμας
λη'   ἀγγέλλουσ' ἀργείων δόξαι ψήφῳ
λθ'   τᾶς σᾶς πέρι μοι ψυχᾶς
μ'   ὦ δεινὰ παθοῦσα ὦ παντλάμων
μα'   ὦ δυστάνου μᾶτερ βιοτᾶς
μβ'   οἵαν οἵαν αὖ σοι λώβαν ἐχθίσταν
μγ'   ἄρρήταν τ' ὦρσεν τις δαίμων
μδ'   οὐκέτι σοι παῖς ἅδ' οὐκέτι δή
με'   γήρᾳ δειλαίᾳ δειλαίῳ συνδουλεύσω
μϛ'   σκύμνον γάρ μ' ὥστ' οὐριθρέπταν
μζ'   μόσχον δειλαία δειλαίαν
μη'   ἐσόψει χερὸς ἀναρπαστάν
μθ'   σᾶς ἄπο λαιμότομον τ' ἄϊδα
ν'   γᾶς ὑποπεμπομέναν σκότον
να'   ἔνθα νεκρῶν μέθ' ἁ τάλαινα κείσομαι
νβ'   καὶ σὲ μὲν μᾶτερ δύστανε
νγ'   κλαίω πανοδύρτοις θρήνοις
νδ'   τὸν ἐμὸν δὲ βίον λώβαν λύμαν τε
νε'   οὐ μετακλαίομαι ἀλλὰ θανεῖν μοι
νϛ'   ξυντυχία κρείσσων ἐκύρησε

444-483

α'   αὔρα πόντιος αὔρα ἅτε ποντοπόρους κομίζεις
β'   θοὰς ἀκάτους ἐπ' οἶδμα λίμνας
γ'   ποῖ με τὰν μελέαν πορεύσεις
δ'   τῶ δουλόσυνος πρὸς οἶκον κτηθεῖσ' ἀφίξομαι
ε'   ἢ δωρίδος ὅρμον αἴας ἢ φθιάδος
ϛ'   ἔνθα τὸν καλλίστων ὑδάτων πατέρα

η' φασὶν ἀπιδανὸν πεδία λιπαίνειν
θ' ἢ νῆσον ἁλιήρει κώπα πεμπομέναν τάλαιναν
ι' οἰκτρὰν βιοτὰν ἔχουσαν οἴκοις
ια' ἔνθα πρωτόγονός τε φοῖνιξ δάφνη θ'
ιβ' ἱεροὺς ἀνέσχε πτόρθους λατοῖ φίλα
ιγ' ὠδῖνος ἄγαλμα δίας σὺν δηλιάσι τε
ιδ' κούραις ἀρτέμιδός τε θεᾶς
ιε' χρυσέαν ἄμπυκα τόξα τ' εὐλογήσω
ις' ἢ παλλάδος ἐν πόλει τᾶς καλλιδίφρου ἀθαναίας
ιζ' ἐν κροκέῳ πέπλῳ ξεύξομαι ἅρματι πώλους
ιη' ἐν δαιδαλέησι ποικίλλουσ' ἀνθοκρόκοισι
ιθ' πήναις ἢ τιτάνων γενεὰν ζεὺς ἀμφιπύρῳ
κ' κοιμίζει φλογμῷ κρονίδας ὤμοι τεκέων ἐμῶν
κα' ὤμοι πατέρων χθονός θ' ἃ καπνῷ κατερείπεται
κβ' τυφομένα δορίκτητος ἀργείων ἐγὼ δ' ἐν
κγ' ξείνα χθονὶ δὴ κέκλημαι δούλα
κδ' λιποῦσ' ἀσίαν εὐρώπας θεράπαιναν
κε' ἀλλάξασ' ἅιδα θαλάμους

629-657
α' ἐμοὶ χρῆν συμφορὰν ἐμοὶ χρῆν πημονὰν γενέσθαι
β' ἰδαίαν ὅτε πρῶτον ἀλέξανδρος εἰλατίναν
γ' ἐτάμεθ' ἅλιον ἐπ' οἶδμα ναυστολήσων
δ' ἑλένας ἐπὶ λέκτρα τὰν καλλίσταν ὁ χρυσοφαὴς
ε' ἅλιος αὐγάζει πόνοι γὰρ καὶ πόνων
ς' ἀνάγκαι κρείσσονες κυκλοῦνται
ζ' κοινὸν δ' ἐξ ἰδίας ἀνοίας κακὸν τῇ σιμουντίδι γῇ
η' ὀλέθριον ἔμολε συμφορά τ' ἀπ' ἄλλων
θ' ἐκρίθη δ' ἔρις ἃν ἐν ἴδᾳ κρίνει τρισσὰς μακάρων
ι' παῖδας ἀνὴρ βούτας ἐπὶ δορὶ καὶ φόνῳ καὶ ἐμῶν
ια' μελάθρων λώβᾳ στένει δὲ καί τις ἀνὰ τὸν
ιβ' εὔρουν εὐρώταν λάκαινα πολυδάκρυς ἐν δόμοις κόρα
ιγ' πολιάν τ' ἐπὶ κρᾶτα μάτηρ τέκνων θανόντων
ιδ' τίθεται χέρα δρύπτεται τε παρειὰν
ιε' δίαιμον ὄνυχα τιθεμένη σπαραγμοῖς

689-720

α' ἄπιστ' ἄπιστα καινὰ καινὰ δέρκομαι
β' ἕτερα δ' ἀφ' ἑτέρων κακὰ κακῶν κυρεῖ
γ' οὐδέποτ' ἀδάκρυτος ἀστένακτος ἀμέρα μ' ἐπισχήσει
δ' δείν' ὦ τάλαινα δεινὰ πάσχομεν κακά
ε' ὦ τέκνον ὦ τέκνον ταλαίνας
ϛ' ματρὸς τίνι μόρῳ θνήσκεις
ζ' τίνι πότμῳ κεῖσαι πρὸς τίνος ἀνθρώπων
η' οὐκ οἶδ' ἐπ' ἀκταῖς νιν κυρῶ θαλασσίαις
θ' ἔκβλητον ἢ πέσημα φοινίου δορός
ι' ἐν ψαμάθῳ λευρᾷ πόντου νιν ἐξήνεγκε
ια' πελάγιος κλύδων
ιβ' ὤμοι αἶ αἶ
ιγ' ἔμαθον ἐνύπνιον ὀμμάτων ὄψιν ἐμῶν
ιδ' οὔ με παρέβα φάσμα μελανόπτερον
ιε' ἂν ἐσεῖδον ἀμφί σ' ὦ τέκνον
ιϛ' οὐκέτ' ὄντα Διὸς ἐν φάει
ιζ' τίς γὰρ νιν ἔκτειν' οἶσθ' ὀνειρόφρων φράσαι
ιη' ἐμὸς ἐμὸς ξένος Θρηΐκιος ἱππότας
ιθ' ἵν' ὁ γέρων πατὴρ ἔθετό νιν κρύψας
κ' οἴμοι τί λέξεις χρυσὸν ὡς ἔχῃ κτανών
κα' ἄρρητ' ἀνωνόμαστα θαυμάτων πέρα
κβ' οὐχ ὅσια οὐδ' ἀνεκτά ποῦ δίκα ξένων
κγ' ἰὼ κατάρατ' ἀνδρῶν ὡς διεμοιράσω
κδ' χρόα σιδαρέῳ ταμὼν φασγάνῳ
κε' μέλεα τοῦδε παιδὸς οὐδ' ᾠκτίσω

905-952

α' σὺ μὲν ὦ πατρὶς Ἰλιὰς τῶν
β' ἀπορθήτων πόλις οὐκέτι λέξῃ
γ' τοιόνδ' Ἑλλάνων νέφος ἀμφί σε καλύπτει
δ' δορὶ δὴ δορὶ πέρσαν
ε' ἀπὸ δὲ στεφάναν κέκαρσαι
ϛ' πύργων κατὰ δ' αἰθάλου καπνοῦ
ζ' κηλῖδ' οἰκτρότατα κέχρωσαι
η' τάλαιν' οὐκέτι σ' ἐμβατεύσω

Hecuba

θ' μεσονύκτιος ὠλλύμαν
ι' ἦμος γ' ἐκ δείπνων ὕπνος ἡδύς
ια' ἐπ' ὄσσοις σκίδναται
ιβ' μολπᾶν δ' ἄπο καὶ χοροποιῶν
ιγ' θυσιῶν καταπαύσας
ιδ' πόσις ἐν θαλάμοις ἔκειτο
ιε' ξυστὸν δ' ἐπὶ πασσάλω
ις' ναύταν οὐκέθ' ὁρῶν ὅμιλον
ιζ' τροίαν ἰλιάδ' ἐμβεβαῶτα
ιη' ἐγὼ δὲ τὸν πλόκαμον ἀναδέτοις
ιθ' μίτραισιν ἐρρυθμιζόμαν
κ' χρυσέων ἐνόπτρων
κα' λεύσσουσ' ἀτέρμονας εἰς αὐγάς
κβ' ἐπιδέμνιος ὡς πέσοιμ' ἐς εὐνάν
κγ' ἀνὰ δὲ κέλαδος ἔμολε πόλιν
κδ' κέλευσμα δ' ἦν κατ' ἄστυ τροίας
κε' τόδ' ὦ παῖδες ἑλλάνων πότε δή
κς' πότε τὴν ἰλιάδα σκοπιάν
κζ' πέρσαντες ἥξετ' ἐς οἴκους
κη' λέχη δὲ φίλια μονόπεπλος
κθ' λιποῦσα δωρὶς ὡς κόρα
λ' σεμνὰν προσιζοῦσ'
λα' οὐκ ἤνυσ' ἄρτεμιν ἁ τλάμων
λβ' ἄγομαι δὲ θανόντ' ἰδοῦσ' ἀκοίταν
λγ' τὸν ἐμὸν ἅλιον ἐπὶ πέλαγος
λδ' πόλιν τ' ἀποσκοποῦσ' ἐπεὶ
λε' νόστιμον ναῦς ἐκίνησε πόδα
λς' καί μ' ἀπὸ γῆς ὥρισεν ἰλιάδος
λζ' τάλαιν' ἀπεῖπον ἄλγει
λη' τὰν τοῖν διοσκούροιν ἑλέναν κάσιν
λθ' ἰδαῖον τ' αὖ βούταν
μ' αἰνόπαριν κατάρα
μα' διδοῦσ' ἐπεί με
μβ' γᾶς ἐκ πατρῴας
μγ' ἀπώλεσεν

μδ' ἐξώκισε τ' οἴκων γάμος οὐ γάμος
με' ἀλλ' ἀλάστορός
μς' τις ὀϊζύς
μζ' ἂν μήτε πέλαγος ἅλιον
μη' ἀπαγάγοι πάλιν
μθ' μήτε πατρῶον ἵκοιτό γ' ἐς οἶκον

1024-1034

α' οὔπω δέδωκας ἀλλ' ἴσως δώσεις δίκην
β' ἀλίμενόν τις ὡς ἐς ἄντλον ἐμπεσών
γ' λέχριος ἐκπέσῃ φίλας καρδίας
δ' ἁμέρσας βίοτον τὸ γὰρ ὑπέγγυον
ε δίκα καὶ θεοῖς συμπιτνεῖ
ς' ὀλέθριον ὀλέθριον κακὸν
ζ' ψεύσει δ' ὁδοῦ τῆσδ' ἐλπὶς ἥ σ' ἐπήγαγε
η' θανάσιμον πρὸς ἀΐδαν ἰὼ τάλας
θ' ἀπολέμῳ δὲ χειρὶ λείψεις βίον

1056-1084

α' ὤμοι ἐγὼ πᾶ βῶ πᾶ στῶ πᾶ κέλσω
β' τετράποδος βάσιν θηρὸς ὀρεστέρου
γ' τιθέμενος ἐπὶ χεῖρα κατ' ἴχνος ποίαν
δ' ἢ ταύτην ἢ τάνδ' ἐξαλλάξω
ε' τὰς ἀνδροφόνους μάρψαι χρῄζων
ς' Ἰλιάδας αἵ με διώλεσαν
ζ' τάλαιναι τάλαιναι κόραι Φρυγῶν
η' ὦ κατάρατοι ποῖ καί με φυγᾷ
θ' πτώσσουσι μυχῶν
ι' εἴθε μοι ὀμμάτων αἱματόεν βλέφαρον
ια' ἀκέσαιο ἀκέσαιο τυφλὸν ἅλιε
ιβ' φέγγος ἀπαλλάξας
ιγ' ἆ ἆ σίγα κρυπτὰν βάσιν αἰσθάνομαι
ιδ' τᾶνδε γυναικῶν
ιε' πᾶ πόδ' ἐπαίξας σαρκῶν ὀστέων τ'
ις' ἐμπλησθῶ θοίναν ἀγρίων θηρῶν
ιζ' τιθέμενος ἀρνύμενος λώβαν

Hecuba

ιη' λύμας ἀντίποιν' ἐμᾶς ἰὼ τάλας
ιθ' πᾶ πᾶ φέρομαι τέκν' ἔρημα λιπών
 κ' βάκχαις ᾅδου διαμοιράσαι
κα' σφακτὰν κυσί τε φοινίαν
κβ' δαῖτ' ἀνήμερον οὐρείαν τ' ἐκβολάν
κγ' πᾶ στῶ πᾶ κάμψω πᾶ βῶ
κδ' ναῦς ὅπως ποντίοις πείσμασι
κε' λινόκροκον φᾶρος στέλλων
κϛ' ἐπὶ τάνδε συθείς
κζ' τέκνων ἐμῶν φύλαξ
κη' ὀλέθριον κοίταν

1089-1106
 α' αἲ αἲ ἰὼ Θρῄκης
 β' λογχόφορον ἔνοπλον
 γ' εὔιππον Ἄρει κάτοχον γένος
 δ' ἰὼ Ἀχαιοὶ ἰὼ Ἀτρεῖδαι
 ε' βοὰν βοὰν αὔτῶ βοάν
 ϛ' ἴτε μόλετε πρὸς θεῶν
 ζ' κλύει τις ἢ οὐδεὶς ἀρκέσει τί μέλλετε
 η' γυναῖκες ὤλεσάν με
 θ' γυναῖκες αἰχμαλώτιδες
 ι' δεινὰ δεινὰ πεπόνθαμεν
ια' ὤμοι ἐμᾶς λώβας
ιβ' ποῖ τράπωμαι ποῖ πορευθῶ
ιγ' αἰθέρ' ἀναπτάμενος οὐράνιον
ιδ' ὑψιπετὲς εἰς μέλαθρον ὠρίων
ιε' ἢ σείριος ἔνθα πυρὸς φλογέας
ιϛ' ἀφίησιν ὄσσων αὐγάς
ιζ' ἢ τὸν ἐς Ἅιδα μελανόχρωτα
ιη' πόρθμον ᾄξω τάλας

ORESTES

140-207

α´ σῖγα σῖγα λεπτὸν ἴχνος ἀρβύλης
β´ τεθεῖτε μὴ κτυποῖτε μὴ δ' ἔστω κτύπος
γ´ ἀπο πρόβατ' ἐκεῖσ' ἀπόπρο μοι κλίνας
δ´ ἰδοὺ πείθομαι ἆ ἆ σύριγγος ὅπως πνοή
ε´ λεπτοῦ δόνακος ὦ φίλα φώνει γέ μοι
ϛ´ ἴδ' ἀτρεμέαν ὣς ὑπόροφον φέρω βοάν
ζ´ ναὶ οὕτω κάταγε κάταγε πρόσιθ' ἀτρέμας
η´ ἀτρέμας ἴθι λόγον δ' ἀπόδος γ' ἐφ' ὅτι
θ´ χρέος ἐμόλετέ ποτε
ι´ χρόνια γὰρ πεσὼν ὅδ' εὐνάζεται
ια´ πῶς ἔχει λόγου μετάδος μ' ὦ φίλα
ιβ´ τίνα τύχαν εἴπω τίνα δὲ συμφοράν
ιγ´ ἔτι μὲν ἐμπνέει βραχὺ δ' ἀναστένει
ιδ´ τί φής ὦ τάλας
ιε´ ὀλεῖς εἰ βλέφαρα κινήσεις
ιϛ´ ὕπνου γλυκυτάταν φερομένῳ χαράν
ιζ´ ὦ μέλεος ἐχθίστων θεόθεν ἐργμάτων
ιη´ ὦ τάλας φεῦ μόχθων ἆ ἆ
ιθ´ ἄδικος ἄδικα τότ' ἄρ' ἔλακεν
κ´ ἔλακεν ἀπόφονον ὅτ' ἐπὶ τρίποδι
κα´ Θέμιδος ἄρ' ἐδίκασε
κβ´ φόνον ὁ Λοξίας ἐμᾶς ματέρος
κγ´ ὁρᾶς ἐν πέπλοισι κινεῖ δέμας
κδ´ σὺ γὰρ νιν ὦ τάλαινα θωΰξασ' ἐξέβαλες ὕπνου
κε´ εὕδειν μὲν οὖν ἔδοξα οὐκ ἀφ' ἡμῶν οὐκ ἀπ' οἴκων
κϛ´ πάλιν ἀνὰ πόδα σὸν ἑλίξεις
κζ´ μεθεμένα κτύπου ὑπνώσσει
κη´ λέγεις εὖ πότνια πότνια νὺξ ὑπνοδότειρα
κθ´ τῶν πολυπόνων βροτῶν
λ´ ἐρεβόθεν ἴθι μόλε μόλε κατάπτερος
λα´ τὸν Ἀγαμεμνόνειον ἐπὶ δόμον
λβ´ ὑπὸ γὰρ ἀλγέων ὑπὸ τε συμφορᾶς

Orestes 49

λγ' διοίχομεθ' οἰχόμεθα
λδ' κτύπον ἠγάγετε οὐχὶ
λε' σῖγα σῖγα φυλασσομένα στόματος
λς' ἀνακέλαδον ἀπὸ λέχεος
λζ' ἥσυχον ὕπνου χάραν παρέξεις ὦ φίλα
λη' θρόει τις κακῶν τελευτὰ μένει
λθ' θανεῖν τί δ' ἄλλο γ' οὐδὲ γὰρ πόθον
 μ' ἔχει βορᾶς πρόδηλος ἄρ' ὁ πότμος
μα' ἐξέθυσ' ὁ φοῖβος ἡμᾶς
μβ' μέλεον ἀπόφονον αἷμα δοὺς
μγ' πατροφόνου ματέρος
μδ' δίκαια μὲν καλῶς δ' οὔ
με' ἔκανες ἔθανες
μς' ὦ τεκομένα μῆτερ ἀπὸ δ' ὤλεσας
μζ' πατέρα τέκνα τε τάδε σέθεν ἀφ' αἵματος
μη' ὀλόμεθ' ἰσονέκυες ὀλόμεθα
μθ' σύ τε γὰρ ἐν νεκροῖς τότ' ἐμὸν οἴχεται
 ν' βίου τὸ πλέον μέρος ἐν στοναχαῖσι τε καὶ γόοις
να' δάκρυσι τ' ἐννυχίοις ἄγαμος
νβ' ἐπὶ δ' ἄτεκνος ἄτε βίοτον
νγ' ἁ μέλεος εἰς τὸν αἰὲν ἕλκω γε χρόνον

316-355

α' αἲ αἲ δρομάδες ὦ πτεροφόροι
β' ποτνιάδες θεαὶ ἀβάκχευτον
γ' αἲ θίασον ἐλάχετε
δ' δάκρυσι καὶ γόοις
ε' μελανοχρῶτες εὐμενίδες αἵτε
ς' τὸν ταναὸν αἰθέρ' ἀμπάλλεσθ' αἵματος
ζ' τιννύμεναι δίκην τιννύμεναι φόνον
η' καθικετεύομαι καθικετεύομαι
θ' τὸν ἀγαμέμνονος γόνον ἐάσατ'
ι' ἐκλαθέσθαι λύσσας μανιάδος φοιταλέου
ια' φεῦ μόχθων οἵων ὁ τάλας ὀρεχθεὶς ἔρρεις
ιβ' τρίποδος ἀπόφατιν

Appendix

ιγ' ἂν ὁ φοῖβος ἔλακε δεξάμενος ἀνὰ δά-
ιδ' πεδον ἵνα μεσόμφαλοι λέγονται
ιε' μυχοὶ γᾶς
ις' ἰὼ ζεῦ
ιζ' τίς ἔλεος τίς ὅδ' ἀγὼν φόνιος ἔρχεται
ιη' θωάζων σὲ τὸν μέλεον ὦ δάκρυα
ιθ' δάκρυσι συμβάλλει
κ' πορεύων τίς εἰς δόμους ἀλαστόρων
κα' ματέρος αἷμα σᾶς ὅ σ' ἀναβακχεύει
κβ' κατολοφύρομαι κατολοφύρομαι
κγ' ὁ μέγας ὄλβος οὐ μόνιμος ἐν βροτοῖς
κδ' ἀνὰ δὲ λαῖφος ὥς τις ἀκάτου θοᾶς
κε' τινάξας δαίμων κατέκλυσε δεινῶν
κς πόνων ὡς πόντου λάβροις
κζ' ὀλεθρίοις ἐν κύμασι
κη' τίνα γὰρ ἔτι πάρος οἶκον
κθ' ἕτερον ἢ τὸν ἀπὸ θεογόνων γάμων
λ' τὸν ἀπὸ τάνταλου σέβεσθαί με χρῆ
λα' καὶ μὴν βασιλεὺς ὅδε δὴ στείχει
λβ' μενελάος ἄναξ πολλῇ δ'
λγ' ἁβροσύνη δῆλος ὁρᾶσθαι
λδ' τῶν τανταλιδῶν ἐξ αἵματος ὤν
λε' ὦ χιλιόναυν στρατὸν ὁρμήσας
λς' εἰς γῆν ἀσίαν χαῖρ' εὐτυχία δ' αὐτὸς
λζ' ὁμιλεῖς θεόθεν πράξας ἅπερ ηὔχου

807-843

α' ὁ μέγας ἅ τ' ἀρετά
β' μέγα φρουροῦσ' ἀν' ἑλλάδα
γ' καὶ παρὰ σιμουντίοις ὀχετοῖς
δ' πάλιν ἀνῆλθεν ἐξ εὐτυχίας ἀτρείδαις
ε' πάλαι παλαιᾶς ἀπὸ συμφορᾶς δόμων
ς' ὁπότε χρυσέας ἔρις ἀρνός
ζ' ἤλυθε τανταλίδαισιν
η' οἰκτρότατα θοινήματα

θ' σφάγια γενναίων τεκέων ὅθεν
ι' φόνῳ φόνος ἀμείβων
ια' δι' αἵματος οὐ προλείπει
ιβ' δισσοῖσιν ἀτρείδαις
ιγ' τὸ καλὸν οὐ καλὸν τοκέων
ιδ' πυριγενεῖ τέμνειν παλάμᾳ
ιε' χρόα μελάνδετον δὲ φόνῳ
ις' ξίφος ἐς αὐγὰς ἀελίοιο δείξας
ιζ' τὸ δ' αὖ κακουργεῖν ἀσέβειά γε μεγάλη
ιη' κακοφρόνων τ' ἀνδρῶν παράνοια
ιθ' θανάτου γὰρ ἀμφὶ φόβῳ
κ' τυνδαρὶς ἰάχησε τάλαινα
κα' τέκνον οὐ τολμᾷς ὅσια
κβ' κτείνων σὴν μητέρα μὴ πατρῷαν
κγ' τιμῶν χάριν ἐξανάψῃ
κδ' δύσκλειαν ἐς ἀεί
κε' τίς νόσος ἢ τίνα δάκρυα καὶ τίς
κς' ἔλεος μείζων κατὰ γῆν
κζ' ἢ μητροκτόνον αἷμα χειρὶ θέσθαι
κη' οἷον ἔργον τελέσας
κθ' βεβάκχευται μανίαις
λ' εὐμενίσιν θήραμα φόνῳ
λα' δρομάσιν δινεύων βλεφάροις
λβ' ἀγαμεμνόνειος παῖς
λγ' ὦ μέλεος ματρὸς ὅτε
λδ' χρυσεοπηνήτων φαρέων
λε' μαστὸν ὑπερτέλλοντ' ἐσιδὼν
λς' σφάγιον ἔθετο ματέρα
λζ' πατρῴων παθῶν ἀμοιβάν

960-1017
α' κατάρχομαι στεναγμῶν ὦ πελασγία
β' τιθεῖσα λευκὸν ὄνυχα διὰ παρηΐδων
γ' αἱματηρὸν ἄταν
δ' κτύπον τε κρατὸς ὃν ἔλαχ' ἁ κατὰ χθονὸς

Appendix

ε´ νερτέρων γε περσέφασσα καλλίπαις θεά
ς´ ἰαχείτω δὲ γᾶ κυκλωπία
ζ´ σίδαρον ἐπὶ κάρα τιθεῖσα κούριμον
η´ τῶν ἀτρειδῶν πήματα οἴκων
θ´ ἔλεος ἔλεος ὅδ᾽ ἔρχεται τῶν θανουμένων ὕπερ
ι´ στρατηλατῶν ἑλλάδος ποτ᾽ ὄντων
ια´ βέβακε γὰρ βέβακεν οἴχεται τέκνων
ιβ´ πρόπασα γέννα πέλοπος ὅτ᾽ ἐπὶ μακαρίοις
ιγ´ ζηλωτὸς ὢν ποτ᾽ οἶκος
ιδ´ φθόνος νιν εἷλε θεόθεν ἅτε δυσμενὴς
ιε´ φονία ψῆφος ἐν πολίταις
ις´ ἰώ ἰώ πανδάκρυτ᾽ ἐφαμέρων ἔθνη
ιζ´ πολύπονα λεύσσεθ᾽ ὡς παρ᾽ ἐλπίδα
ιη´ μοῖρα βαίνει
ιθ´ ἕτερα δ᾽ ἑτέροις ἀμείβεται
κ´ πήματ᾽ ἐν χρόνω μακρῷ
κα´ βροτῶν δ᾽ ὁ πᾶς ἀστάθμητος αἰών
κβ´ μόλοιμι τὰν οὐρανοῦ μέσον
κγ´ καὶ χθονὸς τεταμένην
κδ´ αἰωρήμασι πέτραν
κε´ ἁλούσεσι χρυσέαισι φερομέναν
κς´ δίναισι βῶλον ἐξ ὀλύμπου
κζ´ ἵν᾽ ἐν θρήνοισιν ἀναβοάσω
κη´ γέροντι πατρὶ ταντάλω
κθ´ ὃς ἔτεκε γενέτορας ἐμέθεν δόμων
λ´ οἳ κατεῖδον ἄτας
λα´ τὸ πτανὸν μὲν δίωγμα πώλων
λβ´ τεθριπποβάμονι στόλω
λγ´ πέλοψ ὅτε πελάγεσι διεδίφρευσε
λδ´ μυρτίλου φόνον δικὼν ἐς οἶδμα
λε´ λευκοκύμοσι πρὸς γεραιστίαις
λς´ ποντίων σάλων
λζ´ ἠϊόσιν ἁρματεύσας
λη´ ὅθεν δόμοισι τοῖς ἐμοῖς
λθ´ ἦλθ᾽ ἀρὰ πολύστονος
μ´ λόχευμα ποιμνίοισι μαιάδος τόκου

μα' τὸ χρυσόμαλλον ἀρνὸς ὁπότε
μβ' γένετο τέρας ὁλοὸν ἀτρέως ἱπποβότα
μγ' ὅθεν ἔρις τότε περωτὸν ἀελίου
μδ' μετέβαλεν ἅρμα τὰν πρὸς ἑσπέραν
με' κέλευθον οὐρανοῦ προσαρμόσασα
μς' μονόπωλον ἐς ἀῶ
μζ' ἐπταπόρου τε δραμήματα πλειάδος
μη' εἰς ὁδὸν ἄλλην
μθ' ζεὺς μεταβάλλει τῶνδέ τ' ἀμείβει
 ν' θανάτους θανάτων
να' τά τ' ἐπώνυμα δεῖπνα θυέστου
νβ' λέκτρα τε κρήσσας
νγ' ἀερόπας δολίας δολίοισι γάμοις
νδ' τὰ πανύστατα δ' εἰς ἐμὲ καὶ γενέτην ἐμὸν
νε' ἤλυθεν δόμων σὺν πολυπόνοις ἀνάγκαις
νς' καὶ μὴν ὅδε σὸς σύγγονος ἕρπει
νζ' ψήφῳ θανάτου κατακυρωθεὶς
νη' ὅ τε πιστότατος πάντων πυλάδης
νθ' ἰσάδελφος ἀνὴρ
 ξ' ἰθύνων νοσερὸν κῶλον ὀρέστου
ξα' ποδὶ κηδοσύνῳ παράσειρος

1246-1260

α' μυκηνίδες ὦ φίλαι τὰ πρῶτα
β' κατὰ πελασγὸν ἕδος ἀργείων
γ' τίνα θροεῖς αὐδὰν πότνια παραμένει γὰρ
δ' ἔτι σοι τόδ' ἐν δαναϊδῶν πόλει

1261-1268

α' δόχμια νῦν κόρας διάφερ' ὀμμάτων
β' ἐκεῖθεν ἐνθάδ' εἶτ' ἐπ' ἄλλην σκοπιὰν
γ' ἔχομεν ὡς θροεῖς ἑλίσσεσθαι νῦν βλέφαρον
δ' κόραισι δίδοτε διὰ βοστρύχων πάντῃ

1273-1277

α' ἄφοβος ἔχε κενός ὦ φίλα στίβος ὃν οὐ δοκεῖς
β' τί δαί τὸ σὸν βέβαιον ἔτι δή μοι μένει
γ' δὸς ἀγγελίαν ἀγαθάν τινά μοι
δ' εἰ τάδ' ἔρημα τὰ πρόσθ' αὐλᾶς

1281-1296

α' φέρε νῦν ἐν πύλαισιν ἀκοὰν βάλω
β' τί μέλλεθ' οἱ κατ' οἶκον ἐν γ' ἡσυχίᾳ
γ' σφάγια φοινίσσειν οὐκ εἰσακούουσιν
δ' ὦ τάλαιν' ἐγὼ κακῶν
ε' ἆρ' ἐς τὸ κάλλος ἐκκεκώφωται ξίφη
ϛ' τάχα τις ἀργείων ἐν ὅπλοις ὁρμήσας
ζ' ποδὶ βοηδρόμῳ μέλαθρα προσμίξει
η' σκέψασθαι νῦν ἄμεινον οὐχ ἕδρας ἀγών
θ' ἀλλ' αἳ μὲν ἐνθάδ' αἳ δ' ἐκεῖσ' ἑλίσσετε
ι' ἀμείβων κέλευθον σκοποῦσ' ἅπαντα

1299-1310

α' ὦ διὸς ὦ διὸς ἀένναον κράτος
β' ἐλθ' ἐπίκουρος ἐμοῖσι φίλοισιν ὅλως
γ' μενέλαε θνῄσκω σὺ δὲ παρὼν μ' οὐκ ὠφελεῖς
δ' φονεύετε καίνετε ὄλλυτε δίπτυχα δίστομα φάσγανα
ε' ἐκ χειρὸς ἱέμενοι λειποπάτορα
ϛ' λειπόγαμον ἃ πλείστους ἔκτανεν ἑλλάνων
ζ' δορὶ παρὰ ποταμὸν ὀλομένους
η' ὅθι δάκρυα δάκρυσι συνέπεσε
θ' σιδαρέοισι βέλεσιν ἀμφὶ τὰς σκαμάνδρου δίνας

1353-1360

α' ἰὼ ἰὼ φίλαι
β' κτύπον ἐγείρετε κτύπον καὶ βοάν
γ' πρὸ μελάθρων ὅπως ὁ πραχθεὶς φόνος
δ' μὴ δεινὸν ἀργείοισιν ἐμβάλῃ φόβον
ε' βοηδρομῆσαι πρὸς δόμους τυραννικούς

Orestes　　　　　　　　　　　　　　　　　　55

ϛ' πρὶν ἐτύμως ἴδω τὸν ἑλένας φόνον
ζ' καθαιμακτὸν ἐν δόμοισι κείμενον
η' ἢ καὶ λόγον του προσπόλων πυθώμεθα
(θ') τὰς μὲν γὰρ οἶδα συμφορὰς τὰς δ' οὐ σαφῶς

1361-1368

α' διὰ δίκας ἔβα θεῶν νέμεσις εἰς ἑλέναν
β' δάκρυα γὰρ ἑλλάδ' ἄπασαν ἔπλησεν
γ' διὰ τὸν ὀλόμενον ὀλόμενον ἰδαῖον
δ' πάριν ὃς ἄγαγ' ἑλλάδ' εἰς ἴλιον
ε' ἀλλὰ κτυπεῖ γὰρ κλεῖθρα βασιλείων δόμων
ϛ' σιγήσατ' ἔξω γάρ τις ἐκβαίνει φρυγῶν
ζ' οὗ πευσόμεσθα τἀν δόμοις ὅπως ἔχει

1369-1379

α' ἀργεῖον ξίφος ἐκ θανάτου πέφευγα
β' βαρβάροις ἐν εὐμαρίσι
γ' κεδρωτὰ παστάδων ὑπὲρ τέρεμνα
δ' δωρικάς τε τριγλύφας
ε' φροῦδα φροῦδα γᾶ
ϛ' βαρβάροισι δρασμοῖς
ζ' αἴ αἴ πᾶ φύγω ξέναι
η' πολιὸν αἰθέρ' ἀμπτάμενος ἢ πόντον
θ' ὠκεανὸς ὃν ταυρόκρανος ἀγκάλαις
ι' ἑλίσσων κυκλοῖ χθόνα

1381-1392

α' ἴλιον ἴλιον ὤ μοι μοι φεῦ φρύγιον ἄστυ
β' καλλίβωλον ἴδας ὄρος ἱερὸν ὡς σ' ὀλόμενον στένω
γ' ἁρμάτειον ἁρμάτειον μέλος βαρβάρῳ βοᾷ
δ' διὰ τὸ τᾶς ὀρνιθόγονον ὄμμα κυκνοπτερον
ε' καλλοσύνας λήδας σκύμνον
ϛ' δυσελένας ξεστῶν περγάμων ἀπολλωνίων
ζ' ἐρινύν ὀττοτοῖ
η' ἰαλέμων ἰαλέμων δαρδανία

Appendix

θ' τλᾶμον γανυμῆδε ὃς ἱπποσύνα διὸς εὐνέτα

1395-1424

α' αἴλινον αἴλινον ἀρχὰν θανάτου
β' βάρβαροι λέγουσιν αἲ αἲ ἀσιάδι φωνῇ
γ' βασιλέων ὅταν αἷμα χυθῇ κατὰ γᾶν
δ' ξίφεσι σιδαρέοισιν ἄϊδα ἦλθον
ε' εἰς δόμους ἵν' αὖθ' ἕκαστά σοι λέγω
ς' λέοντες ἕλλανες δύω διδύμω
ζ' τῷ μὲν ὁ στρατηλάτης πατὴρ ἐκληΐζετο
η' ὁ δὲ παῖς στροφίου κακομήτας
θ' οἷος ὀδυσσεὺς σῖγα δόλιος πιστὸς δὲ φίλοις
ι' θρασὺς εἰς ἀλκὰν ξυνετὸς πολέμου
ια' φόνιος τε δράκων ἔρροι τᾶς ἡσύχου
ιβ' προνοίας κακοῦργος ὢν οἳ δὲ
ιγ' πρὸς θρόνους ἔσω μολόντες ἂν ἔγημ' ὁ τοξότης
ιδ' ὄμμα δακρύοις πεφυρμένοι ταπεινοί
ιε' ἕζονθ' ὁ μὲν τὸ κεῖθεν ὁ δὲ τὸ κεῖθεν
ις' ἄλλος ἄλλοθεν πεφρασμένοι
ιζ' περὶ δὲ γόνυ χέρας ἱκεσίας
ιη' ἔβαλον ἔβαλον ἐλένας ἄμφω
ιθ' ἀνὰ δὲ δρόμαδες ἔθορον ἔθορον
κ' ἀμφίπολοι φρύγες προσεῖπε δ' ἄλλος ἄλλον
κα' πεσὼν ἐν φόβῳ μή τις εἴη ἄλλος δόλος
κβ' κἀδόκει τοῖς μὲν οὗ τοῖς δ' ἐς ἀρκυστάταν
κγ' μηχανὰν ἐμπλέκειν παῖδα τὴν τυνδαρίδα
κδ' ὁ μητροφόντης δράκων

1426-1451

α' φρυγίοις ἔτυχον φρυγίοισι νόμοις
β' παρὰ βόστρυχον αὔραν αὔραν
γ' ἑλένας ἑλένας ἀπαγεῖ κύκλῳ
δ' πτερίνῳ πρὸ παρηΐδος γ' ἀΐσσων
ε' βαρβάροις νόμοισιν ἡ δὲ λῖνον
ς' ἠλεκάτα δακτύλοις ἕλισσε

ζ' νήματα δ' ἵετο πέδω
η' σκύλων φρυγίων ἐπὶ τύμβον ἀγάλματα
θ' συστολίσαι χρήζουσα λίνω
ι' φάρεα πορφύρεα δῶρα κλυταιμνήστρα
ια' προσεῖπε δ' ὀρέστης γε λάκαιναν κόραν
ιβ' ὦ διὸς παῖ θὲς ἴχνος πέδω δεῦρ' ἀποστᾶσα
ιγ' κλισμοῦ πέλοπος προπάτορος ἕδραν
ιδ' παλαιᾶς ἑστίας ἵν' εἰδῆς λόγους ἐμούς
ιε' ἄγει δ' ἄγει νιν ἃ δ' ἐφείπετ' οὐ
ις' πρόμαντις ὢν ἔμελλεν
ιζ' ὁ δὲ ξυνεργὸς ἀλλ' ἔπρασσ' ἰὼν κακὸς
ιη' οὐκ ἐκποδών ἴτ' ἀλλ' ἀεὶ κακοὶ φρύγες
ιθ' ἐκλήϊσεν δέ γ' ἄλλον ἄλλοσε στέγης
κ' τοὺς μὲν ἐν σταθμοῖσιν ἱππικοῖσι
κα' τοὺς δ' ἐν ἕδραις τοὺς δ' ἐκεῖσ' ἐκεῖθεν ἄλλον ἄλλοσε
κβ' διαρμόσας ἀπόπροθι δεσποίνας

1453-1472

α' ἰδαία μᾶτερ μᾶτερ ὄβριμα ὄβριμα αἶ αἶ
β' φονίων παθέων ἀνόμων τε κακῶν ἅπερ ἔδρακον
γ' ἔδρακον γ' ἐν δόμοις τυράννων ἀμφὶ πορφυρέων
δ' πέπλων ὑπὸ σκότου
ε' ξίφη σπάσαντες ἐν χεροῖν ἄλλος ἄλλοσε
ς' δίνασεν ὄμμα μή τις παρὼν τύχη
ζ' ὡς κάπροι δ' ὀρέστεροι γυναικὸς ἀντίς
η' στάντες ἐννέπουσι κατθανῇ γε κατθανῇ
θ' κακός σ' ἀποκτείνει πόσις κασιγνήτου
ι' προδοὺς ἐν ἄργει φεῦ θανεῖν γόνον
ια' ἣ δ' ἴαχεν γ' ἴαχεν γ' ὤμοιμοι
ιβ' λευκὸν δ' ἐμβαλοῦσα πῆχαν ἐν στέρνοισι
ιγ' κτύπησε κρᾶτα μελέαν πληγάν
ιδ' φυγᾷ δὲ ποδὶ τὸ χρυσεοσάνδαλον γ' ἴχνος
ιε' ἔφερον ἔφερον ἐς κόμας δὲ δακτύλους
ις' δικὼν ὀρέστας μυκηνίδ' ἀρβύλην προβὰς
ιζ' ὤμοις ἀριστεροῖσιν ἀνακλάσας δέρην

Appendix

ιη' παίειν λαιμῶν ἔμελλεν εἴσω μέλαν ξίφος

1473-1502

α' ἰαχᾶ δόμων θύρετρα καὶ σταθμοὺς
β' μοχλοῖσιν ἐκβαλόντες ἔνθ' ἐμίμνομεν
γ' βοηδρομοῦμεν δ' ἄλλος ἄλλοθεν στέγης
δ' ὁ μὲν πέτρους ὁ δ' ἀγκύλας
ε' ὁ δὲ ξίφος πρόκωπον ἐν χεροῖν ἔχων
ς' ἔναντα δ' ἦλθε πυλάδης ἀλίαστος
ζ' οἷος οἷος ἕκτωρ φρύγιος ἢ τρικόρυθος αἴας
η' ὃν εἶδον εἶδον ἐν πύλαισι πριαμίσι
θ' φασγάνων δ' ἀκμὰς συνήψαμεν
ι' τότε δὴ τότε διαπρεπεῖς
ια' ἐγένοντο φρύγες ὅσον ἄρεος ἀλκὰν
ιβ' ἥσσονες ἑλλάδος ἐγενόμεθ' αἰχμᾶς
ιγ' ὁ μὲν οἰχόμενος φυγάς ὁ δὲ νέκυς ὢν
ιδ' ὁ δὲ τραῦμα φέρων ὁ δὲ λισσόμενος
ιε' θανάτου προβολὰν ὑπὸ σκότον δ' ἐφεύγομεν
ις' νεκροὶ δ' ἔπιπτον οἳ δ' ἔμελλον οἳ δ' ἔκειντ'
ιζ' ἔμολε δ' ἁ τάλαιν' ἑρμιόνα δόμους
ιη' ἐπὶ φόνω χαμαιπετεῖ ματρὸς ἅ νιν ἔτεκε τλήμων
ιθ' ἄθυρσοι δ' οἷα νιν δραμόντες βάκχαι
κ' σκύμνον γ' ὀρείαν ἐν χεροῖν ξυνάρπασαν
κα' πάλιν δὲ τὰν διὸς κόραν ἐπὶ σφαγὰν ἔτεινον
κβ' ἃ δ' ἐκ θαλάμων ἐγένετο διὰ πρὸ δωμάτων
κγ' ἄφαντος ὦ ζεῦ καὶ γᾶ καὶ φῶς καὶ νύξ
κδ' ἤτοι φαρμάκοισιν ἢ μάγων τέχναις ἢ θεῶν κλοπαῖς
κε' τὰ δ' ὕστερον οὐκέτ' οἶδα δραπέτην γὰρ
κς' ἐξέκλεπτον ἐκ δόμων πόδα
κζ' πολύπονα δὲ πολύπονα πάθεα
κη' μενέλαος ἀνασχόμενος γ' ἀνόνητον ἀπὸ τροίας
κθ' ἔλαβε τὸν ἑλένης γάμον

1537-1538

α' ἰὼ ἰὼ τύχα
β' ἕτερον εἰς ἀγῶν· ἕτερον αὖ δόμος
γ' φοβερὸν ἀμφὶ τοὺς ἀτρείδας πιτνεῖ

1541-1548

α' ἴδε πρὸ δωμάτων ἴδε προκηρύσσει
β' θοάζων ὅδ' αἰθέρος ἄνω καπνός
γ' ἅπτουσι πεύκας ὡς πυρώσοντες δόμους
δ' τοὺς τανταλείους οὐδ' ἀφίστανται φόνου
ε' τέλος ἔχει δαίμων βροτοῖσι τέλος ὅπα θέλει
ϛ' μεγάλα δέ τις ἁ δύναμις δι' ἀλαστόρων
ζ' ἔπεσεν ἔπεσε μέλαθρα τάδε δι' αἱμάτων
η' διὰ τὸ μυρτίλου πέσημ' ἐκ δίφρου

PHOENISSAE

103-192

α' ὄρεγε νῦν ὄρεγε γεραιὰν νέα χεῖρ' ἀπὸ
β' κλιμάκων ποδὸς ἴχνος ἐπανατέλλων
γ' ἰὼ πότνια παῖ λατοῦς ἑκάτα
δ' κατάχαλκον ἅπαν πεδίον ἀστράπτει
ε' ἆρα πύλαι κλείθροις χαλκόδετά τ' ἔμβολα
ϛ' λαϊνέοις ἀμφίονος ὀργάνοις τείχεος ἥρμοσται
ζ' τίς οὗτος ὁ λευκολόφας πρόπαρ ὃς ἁγεῖται στρατοῦ
η' πάγχαλκον ἀσπίδ' ἀμφὶ βραχίονα κουφίζων
θ' ἒ ἒ ὡς γαῦρος ὡς φοβερὸς εἰσιδεῖν γίγαντι
ι' γηγενέτα προσόμοιος ἀστερωπός
ια' ἐν γραφαῖσιν οὐχὶ πρόσφορος ἁμερίᾳ γέννᾳ
ιβ' ἄλλος ἄλλος ὅδε τευχέων τρόπος
ιγ' οὗτος ὁ τᾶς πολυνείκεος ὦ γέρον
ιδ' αὐτοκασιγνήτας νύμφας ὁμόγαμος κυρεῖ
ιε' πάνοπλος ἀμφέπε
ιϛ' ἀλλά νιν κατ' ὄρη μετὰ ματέρος
ιζ' ἄρτεμις ἱεμένα τόξοις δαμάσασα

Appendix

ιη' ὀλέσειεν ὃς ἐπ' ἐμὰν πόλιν ἔβα πέρσων
ιθ' ποῦ δ' ὃς ἐμοὶ μιᾶς ἐγένετ' ἐκ ματέρος
κ' πολυπόνω μοίρα
κα' ἀνεμώκεος εἴθε δρόμον νεφέλας ποσίν
κβ' ἐξανύσαιμι δι' αἰθέρος πρὸς ἐμὸν
κγ' ὁμογενέτορα περὶ δ' ὠλένας
κδ' δέρα φιλτάτα βάλοιμι χρόνω φυγάδα μέλεον
κε' ὡς ὅπλοισι χρυσέοισιν εὐπρεπὴς γέρον
κς' ἑώοις ὅμοια φλεγέθων βολαῖς ἀελίου
κζ' ὦ λιπαροζώνου θύγατερ ἀελίου σεληναία
κη' χρυσεόκυκλον φέγγος ὡς ἀτρεμέα κέντρα
κθ' καὶ σώφρονα πώλοις μεταφέρων ἰθύνει
λ' ἰὼ νέμεσις καὶ διὸς βαρύβρομοι
λα' βρονταὶ κεραύνιόν τε πῦρ αἰθαλόεν
λβ' σύ τοι μεγαλανορίαν ὑπεράνορα
λγ' κομίζοις ὅδ' ἐστιν αἰχμαλώτιδας
λδ' ὃς δορὶ θηβαίας μυκήναισι
λε' λερναία τε δώσειν τρίαινα
λς' ποσειδωνίοις ἀμυμωνίοις
λζ' ὕδασι δουλείαν περιβαλὼν
λη' μήποτε μήποτε τάνδ' ὦ
λθ' πότνια χρυσεοβόστρυχε
μ' ὦ διὸς ἔρνος ἄρτεμις δουλοσύναν τλαίην

202-260

α' τύριον οἶδμα λιποῦσ' ἔβαν ἀκροθίνια
β' λοξία φοινίσσας ἀπὸ νάσου φοίβω
γ' δούλα μελάθρων ἵν' ὑπὸ δείρασι
δ' νιφοβόλοις παρνασοῦ κατενάσθην
ε' ἰόνιον κατὰ πόντον
ς' ἐλάτα πλεύσασα περιρρύτων ὕπερ
ζ' εὐκαρπίστων πεδίων σικελίας
η' ζεφύρου πνοαῖς ἱππεύσαντος ἐν οὐρανῶ
θ' κάλλιστον κελάδημα πόλεως
ι' ἐκπροκριθεῖσ' ἐμᾶς καλλιστεύματα

ια' λοξία καδμείων δ' ἔμολον γᾶν
ιβ' κλεινῶν ἀγηνοριδῶν
ιγ' ὁμογενεῖς ἐπὶ λαίου πεμφθεῖσα
ιδ' ἐνθάδε πύργους ἴσα δέ
ιε' ἀγάλμασι χρυσοτεύκτοις
ις' φοίβω λάτρις ἐγενόμαν ἔτι δὲ κασταλίας ὕδωρ
ιζ' ἐπιμένει με κόμας ἐμὰς δεῦσαι παρθένιον
ιη' χλιδὰν φοιβείαισι λατρείαις
ιθ' ἰὼ λάμπουσα πέτρα πυρὸς
 κ' δικόρυφον σέλας ὑπὲρ ἄκρων
κα' βακχείων διονύσου οἴναθ'
κβ' ἃ καθ' ἀμέριον στάζεις τὸν πολύκαρπον
κγ' οἰνάνθας ἱεῖσα βότρυν ζάθεά τ' ἄντρα
κδ' δράκοντος οὔρειαί τε σκοπιαὶ θεῶν
κε' νιφόβολον τ' ὄρος ἱερὸν
 ϝ εἰλίσσων ἀθανάτας θεοῦ
κς' χορὸς γενοίμαν ἄφοβος παρὰ μεσόμφαλα γύαλα
κζ' φοίβου δίρκαν προλιποῦσα
κη' νῦν δέ μοι πρὸ τειχέων θούριος μολὼν ἄρης
κθ' αἷμα δάϊον φλέγει τάδ' ὃ μὴ τύχοι πόλει
 λ' κοινὰ γὰρ φίλων ἄχη
λα' κοινὰ δ' εἴ τι πείσεθ' ἑπτάπυργος ἥδε
λβ' γᾶ φοινίσσα χώρα φεῦ φεῦ
λγ' κοινὸν αἷμα κοινὰ τέκεα τᾶς κερασφόρου
λδ' πέφυκεν ἰοῦς ὧν μέτεστί μοι πόνων
λε' ἀμφὶ δὲ πόλιν νέφος ἀσπίδων
λς' πυκνὸν φλέγει σχῆμα φοινίου μάχης
λζ' ἂν ἄρης τάχ' οἴσεταί γε παισὶν οἰδίπου
λη' φέρων πημονὰν ἐριννύων
λθ' ἄργος ὦ πελασγικὸν δειμαίνω
 μ' τὰν σὰν ἀλκὰν καὶ τὸ θεόθεν
μα' οὐ γὰρ ἄδικον εἰς ἀγῶνα τόνδ'
μβ' ἔνοπλος ὁρμᾶ παῖς ὃς μετέρχεται δόμους

293-354

α´ γονυπετεῖς ἕδρας προσπίτνῶ σ᾽ ἄναξ
β´ τὸν οἴκοθεν νόμον σέβουσα
γ´ ἔβας ἔβας ὦ χρόνῳ γᾶν πατρῴαν
δ´ ἰὼ ἰώ πότνια μόλε πρόδομος ἀναπέτασον
ε´ πύλας κλύεις ὦ τεκοῦσα μᾶτερ
ς´ τί μέλλεις ὑπώροφα μέλαθρα
ζ´ περᾶν θίγειν τ᾽ ὠλέναις τέκνου
η´ ἕλκω ποδὸς βάσιν ὦ τέκνον
θ´ προσεῖδον ἀμφίβαλλε μαστὸν
ι´ ὠλέναισι ματέρος παρηΐδων τ᾽ ὄρεγμα
ια´ βοστρύχων τε κυανοχρῶτα χαίτας
ιβ´ πλόκαμον σκιάζων δέραν ἐμὰν
ιγ´ ἰὼ μόλις φανεὶς ἄελπτα κἀδόκητα
ιδ´ ματρὸς ὠλέναις τί φῶ σε πῶς ἅπαντα
ιε´ καὶ χερσὶ καὶ κόμαισι πολυέλικτον
ις´ ἁδονὰν ἐκεῖσε καὶ τὸ δεῦρο
ιζ´ περιχορεύουσα τέρψιν παλαιὰν
ιη´ λάβω χαρμονᾶν ἰὼ τέκος ἐμὸν τέκος
ιθ´ ἔρημον πατρῷον ἔλιπες δόμον
κ´ φυγὰς ἀποσταλεὶς ὁμαίμου λώβᾳ
κα´ ἦ ποθεινὸς φίλοις ποθεινὸς Θήβαις
κβ´ ὅθεν ἐμάν τε λευκόχροα κείρομαι
κγ´ δακρυόεσσαν ἱεῖσα πενθήρη κόμην
κδ´ ἄπεπλος φαρέων λευκῶν τέκνον
κε´ δυσόρφναια τ᾽ ἀμφιτρίχη τάδε
κς´ σκότει ἀμείβομαι
κζ´ ὅδ᾽ ἐν δόμοισι πρέσβυς ὀμματοστερής
κη´ ἀπήνας ὁμοπτέρου τᾶς ἀποζυγείσας
κθ´ δόμων πόθον ἀμφιδάκρυτον ἀεί
λ´ κατέχων ἀνῇξε μὲν ξίφους
λα´ τ᾽ ἀγχόνας στενάζων ἀρὰς τέκνοις
λβ´ σὺν ἀλαλαγαῖσι δ᾽ αἰὲν αἱαγμάτων
λγ´ σκοτία κρύπτεται σε δ᾽ ὦ τέκνον
λδ´ καὶ γάμοισι δὴ κλύω ζυγέντα

λε΄ παιδοποιὸν ἡδονὰν ξένοισιν ἐν δόμοις
λς΄ ἔχειν ξένον τε κῆδος ἀμφέπειν ἄλαστα
λζ΄ ματρὶ τάδε λαίῳ τε τῷ παλαιγενεῖ
λη΄ γάμων ἐπακτῶν ἄταν
λθ΄ ἐγὼ δ΄ οὔτι σοι πυρὸς ἀνῆψα φῶς
μ΄ νόμιμον ἐν γάμοις ὡς πρέπει μητρὶ μακαρίᾳ
μα΄ ἀνυμέναια δ΄ ἰσμηνὸς
μβ΄ ἐκηδεύθη λουτροφόρου
μγ΄ ἀνὰ δὲ θηβαίων πόλιν
μδ΄ ἐσιγάθησας εἴσοδος νύμφας
με΄ ὄλοιτο τάδ΄ εἴτ΄ ἔρις εἴτε σίδαρος
μς΄ εἴτε πατὴρ σὸς αἴτιος εἴτε τὸ δαιμόνιον
μζ΄ κατεκώμασε δώμασιν οἰδιπόδα
μη΄ πρὸς ἐμὲ γὰρ κακῶν ἔμολε τῶνδ΄ ἄχη

638-689

α΄ κάδμος ἔμολε τάνδε γᾶν
β΄ τύριος ὦ τετρασκελὴς μόσχος
γ΄ ἀδάμαστον πέσημα
δ΄ δίκεν τελέσφορον διδοῦσα
ε΄ χρησμὸν οὗ κατῴκισε
ς΄ πεδία μὲν τὸ θέσφατον
ζ΄ πυροφόρα δόμων ἔχρησε
η΄ καλλιπόταμος ὕδατος ἵνα τε
θ΄ νοτὶς ἐπέρχεται γαίας δίρκας χλοηφόρους
ι΄ καὶ βαθυσπόρους γυίας
ια΄ βρόμιον ἔνθα τέκετο
ιβ΄ μάτερ διὸς γάμοισι
ιγ΄ κισσὸς ὃν περιστεφὴς
ιδ΄ ἑλικτὸς ἔτι βρέφος εὐθὺς
ιε΄ χλοηφόροισιν ἔρνεσιν
ις΄ κατασκίοισιν ὀλβίσασ΄ ἐνώτισε
ιζ΄ βακχεῖον χόρευμα παρθένοισι θηβαίαισι
ιη΄ καὶ γυναιξὶν εὐίοις ἔνθα φόνιος ἦν δράκων
ιθ΄ ἄρεος ὠμόφρων φύλαξ νάματ΄ ἔνυδρα καὶ ῥέεθρα

Appendix

κ΄ χλοερὰ δεργμάτων κόραισι πολυπλάνοις
κα΄ ἐπισκοπῶν ὃν ἐπὶ χέρνιβας μολών
κβ΄ κάδμος ὤλεσε μαρμάρω κρᾶτα φόνιον ὀλεσίθηρος
κγ΄ ὠλένας δικών βολαῖς δίας ἀμάτορος γ΄ ἀθήνης
κδ΄ φραδαῖσι γαπετεῖς δικών ὀδόντας εἰς βαθυσπόρους
κε΄ γυίας ἔνθεν ἐξανῆκε πάνοπλον γ΄ ὄψιν ὑπὲρ
κϛ΄ ἄκρων ὅρων χθονὸς σιδαρόφρων
κζ΄ δέ νιν φόνος πάλιν συνῆψε γᾶ φίλα
κη΄ αἵματος δ΄ ἔδευσε γαῖαν ἅ νιν εὐηλίοισι
κθ΄ δεῖξεν αἰθέρος πνοαῖς
λ΄ καὶ σὲ τὰν προμήτορος
λα΄ ἰοῦς ποτ΄ ἔκγονον ἔπαφον ὦ διὸς γένεθλον
λβ΄ ἐκάλεσ΄ ἐκάλεσα βαρβάρω βοᾶ
λγ΄ ἰὼ βαρβάροις λιταῖς βᾶθι
λδ΄ βᾶθι τάνδε γᾶν σοί νιν ἔκγονοι κτίσαν
λε΄ ἃ διώνυμοι θεαί περσέφασσα καὶ φίλα
λϛ΄ δήμητρα θεά πάντων ἄνασσα πάντων δὲ γᾶ τροφός
λζ΄ ἐκτήσαντο πέμπε πυρφόρους θεάς
λη΄ ἀμῦναι γαία τάδε πάντα δ΄ εὐπετῆ θεοῖς

784-833

(α΄) ὦ πολυμόχθος ἄρης τίποθ΄ αἵματι
(β΄) καὶ θανάτω κατέχη βρομίου παρὰ μοῦσος ἑορταῖς
(γ΄) κοὐκ ἐπὶ καλλιχόροις στεφάνοισι νεάνιδος ὥραις
(δ΄) βόστρυχον ἀμπετάσας λωτοῦ κατὰ
(ε΄) πνεύματα μέλπη μοῦσαν ἐν ἅ χάριτες χαροποιοί
(ϛ΄) ἀλλὰ σὺν ὁπλοφόροις στρατὸν ἀργείων ἐπιπνεύσας
(ζ΄) αἵματι θήβας κῶμον ἀναυλότατον προχορεύεις
(η΄) οὐδ΄ ὑπὸ θυρσομανεῖ νεβρίδων μέτα δινεύεις ἀλλ΄
(θ΄) ἅρμασι καὶ ψαλίοις τετραβάμοσι μωνύχων ἵππων
(ι΄) ἰσμηνοῦ ἐπὶ χεύμασι βαίνων
(ια΄) ἱππείαισι θοάζεις ἀργείους ἐπιπνεύσας
(ιβ΄) σπαρτῶν γέννα ἀσπιδοφέρμονα θίασον ὅπλιον
(ιγ΄) ἀντίπαλον κατὰ λάϊνα τείχεα χαλκῶ στήσας
(ιδ΄) ἦ δεινά τις ἔρις θεός ἅ τάδ΄ ἐμήσατο πήματα

(ιε΄) γᾶς βασιλεύσιν λαβδακίδαις πολυμόχθοις
(ις΄) ὦ ζαθέων πετάλων πολυθηρότατον νάπος
(ιζ΄) ἀρτέμιδος χιονοτρόφον ὄμμα κιθαιρών μήποτε
(ιη΄) μήποτε τὸν θανάτω προτεθέντα λόχευμ᾽ ἰοκάστης
(ιθ΄) ὤφελος οἰδίποδα θρέψαι βρέφος ἔκβολον οἴκων
 (κ΄) χρυσοδέτοις περόναις ἐπίσαμον
(κα΄) μὴ δὲ τὸ παρθένιον πτερὸν οὔρειον τέρας ἐλθεῖν
(κβ΄) πένθεα γαίας σφιγγὸς ἀμουσοτάταισι σὺν ᾠδαῖς
(κγ΄) ἃ ποτε καδμογενῆ τετραβάμοσι χηλαῖς
(κδ΄) τείχεσι χριμπτομένα φέρεν αἰθέρος εἰς ἄβατον φῶς
(κε΄) γένναν ἂν ὁ κατὰ χθονὸς ᾅδας
(κς΄) καδμείοις ἐπιπέμπει δυσδαίμων δ᾽ ἔρις ἄλλα
(κζ΄) θάλλει παίδων οἰδιπόδα κατὰ δώματα καὶ πόλιν
(κη΄) οὐ γὰρ ὃ μὴ καλὸν οὔποτ᾽ ἔφυ καλὸν
(κθ΄) οὐδ᾽ οἱ μὴ νόμιμοι παῖδες
 (λ΄) ματρὶ λόχευμα μίασμα πατρὸς
(λα΄) ἡ δὲ σύναιμον γ᾽ εἰς λέχος ἦλθεν
(λβ΄) ἔτεκες ὦ γᾶ ἔτεκές
(λγ΄) ποτε βάρβαρον ὡς ἀκοὰν ἐδάην ἐδάην
(λδ΄) ποτ᾽ ἐν οἴκοις τὰν ἀπὸ θηροτρόφου
(λε΄) φοινικολόφοιο δράκοντος γένναν
(λς΄) ὀδοντοφυῆ θήβαις κάλλιστον ὄνειδος
(λζ΄) ἁρμονίας δέ ποτ᾽ εἰς ὑμεναίους ἦλθον
(λη΄) οὐρανίδαι φόρμιγγί τε τείχεα θήβας
(λθ΄) τᾶς ἀμφιονίας τε λύρας ὕπο πύργος ἀνέστα
 (μ΄) διδύμων ποταμῶν πόρον ἀμφὶ μέσον
(μα΄) δίρκας χλοεροτρόφον ἃ πεδίον
(μβ΄) πρόπαρ ἰσμηνοῦ καταρδεύει
(μγ΄) ἰὼ θ᾽ ἁ κερόεσσα προμάτωρ
(μδ΄) καδμείων βασιλῆας ἐγείνατο
(με΄) μυριάδας δ᾽ ἀγαθῶν ἑτέρας
(μς΄) ἑτέραις μεταμειβομένα
(μζ΄) πόλις ἅδ᾽ ἐπ᾽ ἄκροις ἕστακεν
(μη΄) ἀρηίοις στεφάνοισιν

1019-1066

α΄ ἔβας ἔβας ὦ πτερόεσσα γᾶς λόχευμα
β΄ νερτέρου τ᾽ ἐχίδνας καδμείων ἁρπαγᾶ
γ΄ πολύστονος πολύμοχθος μιξοπάρθενος δάϊον
δ΄ τέρας φοιτῶσι πτεροῖς χαλαῖσι τ᾽ ὠμοσίτοις
ε΄ διρκαίων ἄπο τ᾽ ἐκ τόπων νέους πεδαίρουσ᾽
ς΄ ἄλυρον ἀμφὶ μοῦσαν οὐλομέναν τ᾽ ἐρινννῦν
ζ΄ ἔφερες ἔφερες ἄχεα
η΄ πατρίδι φόνια φόνιος
θ΄ ἐκ θεῶν ὃς τάδ᾽ ἦν ὁ πράξας ἰαλέμοι δέ
ι΄ ματέρων ἰαλέμοι δὲ παρθένων ἔσταζον
ια΄ οἴκοις ἰήϊον βοὰν ἰήϊον μέλος
ιβ΄ ἄλλος ἄλλον ὀτόττυζεν
Θ διαδοχαῖς ἀνὰ πτόλιν
ιγ΄ βροντᾷ δὲ στεναγμὸς ἰαχά τ᾽ ἦν ὅμοιος
ιδ΄ ὁπότε πόλεως ἀφανίσειεν
ιε΄ ἁ πτεροῦσα παρθένος τιν᾽ ἀνδρῶν
ις΄ χρόνῳ δ᾽ ἔβα πυθίαις ἀποστολαῖσιν
ιζ΄ οἰδίπους ὁ τλάμων θηβαίαν τάνδε
ιη΄ γᾶν τότ᾽ ἄσμενος πάλιν δ᾽ ἄχη
ιθ΄ ματρὶ γάμους δυσγάμους ὁ τάλας
κ΄ καλλίνικος ὢν αἰνιγμάτων συνάπτει
κα΄ μιαίνει δὲ πόλιν δι᾽ αἱμάτων δ᾽ ἀμείβει
κβ΄ μυσαρὸν δ᾽ εἰς ἀγῶνα καταβαλὼν ἀραῖσι
κγ΄ τέκεα μέλεος ἀγάμεθ᾽ ἀγάμεθα
κδ΄ ὃς ἐπὶ θάνατον οἴχεται γᾶς ὑπὲρ πατρῴας
κε΄ κρέοντι μὲν λιπὼν γόους
κς΄ τὰ δ᾽ ἑπτάπυργα κλεῖθρα γᾶς
κζ΄ καλλίνικα θήσων γενοίμεθ᾽ ὧδε ματέρες
κη΄ γενοίμεθ᾽ εὔτεκνοι φίλα παλλὰς ἃ δράκοντος
κθ΄ αἷμα λιθόβολον κατείργασαι καδμείαν
λ΄ μέριμναν ὁρμήσας ἐπ᾽ ἔργον ὅθεν ἐπέσσυτο
λα΄ τάνδε γᾶν ἁρπαγαῖσι δαιμόνων τις ἄτα

Phoenissae 67

1283-1309

α' αἴ αἴ τρομερὰν φρίκα τρομερὰν φρέν' ἔχει
β' αἴ αἴ διὰ σάρκα δ' ἐμὰν ἔλεος
γ' ἔλεος ἔμολε ματρὸς δειλαίας
δ' δίδυμα τέκεα πότερος ἄρα
ε' πότερον αἱμάξει
ϛ' ἰώ μοι πόνων
ζ' ἰὼ ζεῦ ἰὼ γᾶ
η' ὁμογενῆ δέραν
θ' ὁμογενῆ ψυχὰν
ι' δι' ἀσπίδων δι' αἱμάτων
ια' τάλαιν' ἐγὼ τάλαινα
ιβ' πότερον ἄρα νέκυν ὀλόμενον ἰαχήσω
ιγ' φεῦ δᾶ φεῦ δᾶ δίδυμοι θῆρες φόνιαι ψυχαί
ιδ' δορὶ παλλόμεναι πέσσεα πέσσεα
ιε' δάϊ' αὐτίχ' αἱμάξετον τάλανες τίποτε
ιϛ' μονομάχον ἐπὶ φρέν' ἠλθέτην
ιζ' βοᾶ βαρβάρῳ ἰαχὰν στενακτὰν μελομέναν
ιη' νεκρῶν δάκρυσι θρηνήσω σχεδὸν τύχα
ιθ' πέλας φόνου κρινεῖ φάος τὸ μέλλον
κ' ἄποτμος ἄποτμος ὁ φόνος ἕνεκ' ἐριννύων
κα' ἀλλὰ γὰρ κρέοντα λεύσσω τόνδε δεῦρο συννεφῆ
κβ' πρὸς δόμους στείχοντα παύσω τοὺς παρεστῶτας γόους

1710-1757

α' ἴθ' εἰς φυγὴν τάλαιναν ὄρεγε χεῖρα φίλαν
β' πάτερ γεραιὲ πομπίμαν ἔχων
γ' ἔμ' ὥστε ναυσὶ πόμπον αὔραν
δ' ἰδοὺ πορεύομαι τέκνον
ε' σύ μοι ποδαγὸς ἀθλία γενοῦ
ϛ' γενόμεσθα γενόμεσθ' ἄθλιαί γε δῆτα
ζ' Θηβαιᾶν μάλιστα παρθένων δή
η' πόθι γεραιὸν ἴχνος τίθημι
θ' βάκτρα πρόσφερ' ὦ τέκνον
ι' τᾷδε τᾷδε βᾶθι μοι

Appendix: Phoenissae

ια' τᾶδε τᾶδε πόδα τίθει πάτερ
ιβ' ὥστ' ὄνειρον ἰσχὺν ἔχων
ιγ' ἰὼ ἰὼ δυστυχεστάτας φυγᾶς
ιδ' ἐλαύνων τὸν γέροντ' ἐκ πάτρας
ιε' ἰὼ ἰὼ δεινὰ ἐγὼ ὁ τλάς
ις' τί τλάς τί τλάς οὐχ ὁρᾶ δίκα κακούς
ιζ' οὐδ' ἀμείβεται βροτῶν ἀσυνεσίας
ιη' ὅδ' εἶμι μοῦσαν ὃς ἔπι
ιθ' καλλίνικον οὐρανίαν ἔβαν
κ' παρθένου κόρας αἴνιγμ' ἀσύνετον εὑρών
κα' σφιγγὸς ἀναφέρεις ὄνειδος
κβ' ἄπαγε τὰ πάρος ἀτυχήματ' αὐδῶν
κγ' τάδε σ' ἐπέμενε μέλεα πάθεα
κδ' φυγάδα πατρίδος ἀπογενόμενον
κε' ὦ πάτερ κατθανεῖν που ποθεινὰ δάκρυα
κς' παρὰ φίλαισι παρθένοις λιποῦσ' ἄπειμι πατρίδος
κζ' ἀπόπρο γαίας ἀπαρθένευτ' ἀλωμένα
κη' φεῦ τὸ χρήσιμον φρενῶν
κθ' εἰς πατρὸς εὐκλεᾶ με θήσει συμφοράς
λ' τάλαιν' ἔγωγε συγγόνου θ' ὑβρισμάτων
λα' ὃς ἐκ δόμων νέκυς γ' ἄθαπτος οἴχεται
λβ' μέλεος ὃν εἴ με καὶ θανεῖν πάτερ χρεών
λγ' σκοτία δ' ὅμως γαῖα καλύψω
λδ' πρὸς ἥλικας φάνηθι σάς
λε' ἅλις γ' ὀδυρμάτων ἐμοί
λς' σὺ δ' ἀμφὶ βωμίους λιτάς
λζ' κόρον γ' ἔχουσ' ἐμῶν κακῶν
λη' ἴθ' ἀλλὰ βρόμιος ἵνα γε σηκὸς ἄβατος ὄρεσι μαινάδων
λθ' καδμείαν ὦ νεβρίδα στολιδωσαμένη
μ' πότ' ἐγὼ σεμέλας θίασον ἱερὸν ὄρεσιν
μα' ἀνεχόρευσα χάριν ἀχάριστον εἰς θεοὺς δοῦσα

INDEX OF NOTABLE METRICAL TERMS

ἀμοιβαῖον (κῶλον) 11,5; (σύστημα) 6,12; 14,22; 25,6; 36,15; 37,5
ἀνακρεόντειον 17,5-6
ἀσυνάρτητον 9,14; 12,18; 19; 16,18; 29; 19,4; 20,22; 25,23; 31,21; 25; 32,5; 34,18
δίμοιρον ἔπους 16,17; 22,10
εἴσβασις 11,1; 25,1
εἴσθεσις 1,1; 11,1 (*app.crit.*)
ἐλεγεῖον 19,5
ἑξάμετρον 32,20
ἐπεισόδιον (σύστημα) 1,6; 11,5
ἐπωιδικὸν (σύστημα) 38,11
ἐφθημιμερές 16,26; 31; 17,15; 18,28; 20,5; 28,13; 14; 31,18; 22; 26; 27; 32,1; 7; 37,13
ἡμιαμβεῖον 12,27; 19,21; 22,5
ἡμιχόριον 23,26
ἰσόχρονος 36,22
κατὰ διποδίαν 33,6-7
κατὰ μονοποδίαν 9,7; 15,11-12; 20,14-15; 30; 26,32; 32,16
κοινὴ συλλαβή 9,8-9; 16,11; 23,9
μονόκωλον 20,10
μονόκωλος 21,9-10; 22,17
μονόστροφος 1,16
παλιμβάκχειος 34,6
παράβασις 38,13

πενθημιμερές 9,15; 16,30; 17,13; 19,5; 6; 20,6; 22,23; 31,23
πεντάμετρον 20,29-30; 32,26
περίοδος 21,16
στίχος ἡρωϊκός 16,17; 20,11-12
συζυγία 16,20
συνίζησις 17,27; 32,17
σύνθετον 22,23; 28,12; 32,6; 38,4
σύστημα 1,6; 3,24; 5,11; 6,12 8,25 *passim*
συστηματικά 25,8
συστημάτιον 18,10; 18
τετράβραχυς 1,12; 9,16-17; 8,5
χορός 3,24; 5,11; 7,6; 8,12; 10,17; 21; 13,7; 15,3; 19,19; 26; 20,9-10; 21,9; 30; 22,17; 23,20; 24,2; 27,5; 31,5; 32,14; 33,11; 35,3; 36,12; 16; 38,11.

E. J. BRILL — PUBLISHER — LEIDEN

STUDIES IN THE SCHOLIA ON AESCHYLUS

I: THE RECENSIONS OF DEMETRIUS TRICLINIUS

BY

OLE LANGWITZ SMITH

(Supplement Mnemosyne, XXXVII)

1975. (xiv, 288 p., 11 pl.)   Gld. 96.—

The present book is a study of the metrical and textual work of Demetrius Triclinius on Aeschylus as it appears from the two recensions made by the Byzantine scholar of this poet. The author seeks to analyze the characteristic features of an early Triclinian recension and to work out the methodical differences between what is transmitted to us of early Triclinian work on Euripides, Aristophanes and Aeschylus and the final authoritative editions.

The main part of the book consists of a close analysis of text and scholia in the lyric portions of the *Seven against Thebes* and the *Persae* in the two recensions as against the non-Triclinian MSS of Aeschylus. Finally, the conclusions reached on this broader basis are applied to the Agamemnon lines 40-257 where we only have M and the Triclinian MSS.

The present study also offers a detailed and up-to-date description of the Triclinian MSS of Aeschylus besides discussions of other Triclinian MSS. An Excursus to Chapter One presents new evidence for the chronology of Triclinius' work on the Attic Dramatists.